Mikrodalga Işsizlikden Kurtarýar

Gyşgaçlaryň Işsizlygynda Zaman we Pul Tasarrup etmek üçin Işläp Çykyşlar

Ayça Demir

mazmuny

Paella	13
Paella Pimientos bilen	14
Amandin towuklary	15
Pomidor we reyhan bilen towuk amandini	16
Towuk diwany	17
Selderey bilen krem sousunda towuk	18
Çipli krem sousunda towuk	18
Towuk à la King	18
Türkiýe King King	20
Towuk à la King peýnir bilen	20
Towuk à la King gysga ýollary	20
Slimmer-iň towuk bagyry	21
Slimmers-den Türkiýe bagyr brauzy	22
Towuk tetrazzini	23
Towuk we garylan gök önümler bilen kaset	24
Tüwiniň üstünde bal bilen towuk	25
Ak rum sousunda hek bilen towuk	26
Konyak sousunda apelsin bilen towuk	27
Çaga makaronlary bilen mangal sousundaky deprekler	28
Meksikanyň mole sousundaky towuk	28
Çagalar üçin makaron bilen mangal sousundaky towuk ganatlary	30
Towuk Jambalaýa	30

Türkiýe Jambalaýa ... 31
Kashtan bilen towuk ... 32
Gumbo towugy ... 33
Türkiýe gambbo ... 35
Goňur mämişi pasta bilen towuk göwsi ... 35
Kremli burç sousunda towuk ... 36
Türkiýe kremli burç sousunda ... 37
Tokaýyň towugy ... 38
Alma we kişmiş bilen towuk ... 39
Armut we kişmiş bilen towuk ... 40
Greýfrut bilen towuk ... 41
Wengriýaly towuk we garylan gök önümler ... 42
Towuk Bourguignonne ... 43
Towuk Fricasée ... 45
Şerap bilen towuk friksi ... 46
Iň ýokary towuk ... 46
Coq au Vin ... 47
Kömelekli çakyr ... 48
Coq-da koks bar ... 48
Gurlan paluba deprekleri ... 49
Towuk awçylary ... 50
Towuk kowalamak ... 51
Towuk Marengo ... 51
Künji towugy ... 52
Kapitan ... 53
Pomidor we kaper sousundaky towuk ... 54
Towuk paprika ... 56

Gündogar towuklarynyň kölegeleri 58
Nasi Goreng 60
Türkiýe biftek 61
Ispaniýa Türkiýe 62
Türkiýe takoslary 63
Pancake Tacos 65
Türkiýe çöregi 65
Angliýa-Medrese Türkiýe Karri 66
Miwe bilen miweli köri 67
Türkiýe çörek we ýag bilen tort 68
Doldurmak bilen Türkiýe we tüwi güle 70
Türkiýe mämişi syrçaly göwüs 71
Süýji we turş ördek 72
Kanton Ördek 73
Apelsin sousy bilen ördek 74
Fransuz stilindäki ördek 76
Süňkleri gowurmak we etiň togalanan bogunlary 78
Mämişi we hek bilen süýji we turş doňuz eti 79
Et eti 80
Türkiýe we kolbasa meýdançasy 81
Doňuz etini sypaýy geýinmek 81
Gawaýi doňuz eti we ananas gülegi 82
Gawaýy Gammon we Ananas Kaserol 83
Baýramçylyk gammon 84
Glazed Gala Gammon 85
Paella ispan salamy bilen 86
Şwes görnüşindäki köfte 86

Doňuz etini biskwit bilen gowurmaly 87
Doňuz etini bal bilen gowurmaly 88
Doňuz eti gyzyl kelem bilen 88
Rumyn görnüşindäki doňuz eti 89
Doňuz eti we gök önüm nahary 90
Çili doňuz eti 91
Çutna we mandarin bilen doňuz eti 92
Gril gapyrgalar 93
Peýnir sousunda hamam bilen örtülen çikory 94
Doňuz gapyrgalary ýelmeşýän mämişi barbekýu sousunda 96
Biftek we kömelek pudingi 97
Biftek we böwrek pudingi 99
Biftek we kashtan pudingi 99
Bişirilen we duzlanan hoz çorbasy 100
Günorta Amerikadan "Et hamyry" 100
Braziliýada ýumurtga we zeýtun bilen "et hamyry" 101
Ruben sendwiwi 101
Sygyr eti Çow Mein 102
Sygyr eti Suey 102
Aubergine we sygyr eti bilen güle 102
Karri patty 104
Italýan köfte 105
Paprika bilen çalt köfte 106
Otlar bilen biftek 107
Kokos bilen Malaýziýa görnüşindäki nohut biftek 108
Çalt biftek we maýo çöregi 109
Gyzyl çakyrda bişirilen biftek 110

Yalpak suwy *112*
Bägül, pomidor we otlaryň garyndysy bilen batyrylýar *113*
Easternakyn Gündogar baklajan Tahini Dip *114*
Türk badamjany *115*
Gresiýanyň baklajan batyrylmagy *116*
Bagna Cauda *117*
Baglajan güle *118*
Duzly kokteýl kömelekleri *120*
Peçde ýumurtga we sosna hozy bilen doldurylan baklajan *121*
Grek kömelegi *122*
Artichoke winaigrette *123*
Sezar Salady *124*
Eggsumurtga we ýag bilen Çikory Hollandaise *125*
Eggsumurtga bilen maýonez *126*
Skordalýa maýonezli ýumurtga *127*
Skotç Wudkok *128*
Şwesiýanyň maýonezli ýumurtgalary *129*
Türk noýbasy salady *130*
Eggsumurtga bilen noýba salady *131*
Küýzelerde maslahat *132*
Küýzeler *133*
Peç bilen doldurylan awakado ýumurtga *134*
Awokado pomidor we peýnir bilen dolduryldy *135*
Skandinawiýa rulony we alma salady *135*
Köri sousy bilen mop we alma salatyny aýlaň *137*
Geçiniň peýniri we ýyly köýnekli ýaprak salady *138*
Jele pomidorly Sundaes *138*

Doldurylan pomidor *139*

Italýan doldurylan pomidor *140*

Pomidor we towuk salat kuboklary *142*

Gsumurtga we dogralan sogan *143*

Quiche Lorraine *144*

Peýnir we pomidor *145*

Çekilen losos bilen basyň *146*

Krep gysga *146*

Ysmanak *146*

Ortaýer deňzi *146*

Asparagus quiche *147*

Zaýalanan hozlar *149*

Braziliýa köri bilen hoz *150*

Gök peýnir we pecan *151*

Baý bagyr *152*

Gyzgyn we turşy gyrgyç çorbasy *154*

Lighteňil gündogar çorbasy *156*

Bagyr çorbasy *157*

Käşir krem çorbasy *158*

Sowuk käşir we süle çorbasy *159*

Käşir we koriander çorbasy *160*

Mämişi çorba bilen käşir *160*

Kremli salat çorbasy *161*

Greenaşyl püre çorbasy *162*

Wasabi bilen petruşka we petruşka çorbasy *162*

Süýji kartoşka çorbasy *163*

Ösümlik krem çorbasy *163*

Greenaşyl nohut çorbasy 164

Kädi çorbasy 165

Kömelek çorbasynyň kremi 165

Kädi krem çorbasy 165

Kokos çorbasy 166

Çorba çorbasy 167

Ysraýyl towuk we awakado çorbasy 168

Çig mal bilen awokado çorbasy 169

Çorba 169

Sowuk burşt 170

Sowuk sowuk burşt 171

Mämişi mekgejöwen çorbasy 171

Peýnir we gowrulan kawaý hozy bilen mämişi mekgejöwen çorbasy
.... 172

Pomidor garnirli mekgejöwen çorbasy 173

Sary nohut çorbasy 173

fransuz sogan çorbasy 174

Minestrone 175

Minestrone Genovese 176

Italýan kartoşka çorbasy 177

Täze pomidor we selderýa çorbasy 178

Awokado geýimi bilen pomidor çorbasy 179

Sowuk peýnir we sogan çorbasy 180

Şweýsariýa görnüşindäki peýnir çorbasy 181

Awgolemono çorbasy 182

Pastis bilen hyýar krem çorbasy 183

Tüwi bilen köri çorbasy 184

Wiçi sousy 185
Yogogurt bilen sowuk hyýar çorbasy 186
Yogogurt bilen sowadylan ysmanak çorbasy 187
Şerif bilen sowadylan pomidor çorbasy 188
Täze Angliýa balyk hasasy 189
Gyrgyç çorbasy 190
Gyrgyç we limon çorbasy 191
Lobster bisque 191
Gury paket çorbasy 191
Konserwirlenen çorba 192
Çorbalary gyzdyrmak 192
Nahar bişirmek üçin ýumurtga gyzdyrmak 192
Gowrulan ýumurtgalar 193
Bişen (gowrulan) ýumurtga 194
Turbalar parady 195
Gammon bilen Pepperade 195
Turbalar parady 196
Florentin ýumurtgalary 196
Gumurtga Rossini 197
Bägül 198
Klassiki omlet 199
Tagamly omletler 200
Ertirlik nahary üçin omlet 201
Eredilen peýnir bilen balyklanan ýumurtga 202
Egumurtga benedikt 203
Arnold Bennet omlet 203
Tortilla 204

Garylan gök önümler bilen ispan omleti *205*
Ham bilen ispan omleti *206*
Selderiniň sousunda peýnirli ýumurtga *206*
Fu ungung ýumurtgalary *207*
Pitsa bilen omlet *208*
Süýtli omlet *209*
Erik bilen rulmops *210*
Brakonly kipper *211*
Medrese karides *212*
Martini sous bilen gaýnadýar *213*

Paella

Geýts 6

1 kg / 2¼ f süňksiz towuk göwsi
30 ml / 2 nahar çemçesi zeýtun ýagy
2 sogan, dogralan
2 sany sogan sarymsak, inçe kesilen
1 ýaşyl jaň burç (ýag), tohumly we dogralan
225 g / 8 oz / 1 stakan risotto tüwi
1 paket safran tozy ýa-da 5 ml / 1 çaý çemçesi zerdejik
175 g / 6 oz / 1½ käse doňdurylan nohut
4 sany pomidor, gabykly we gabykly
225g / 8oz bişirilen midýa
75 g / 3 oz / ¾ käse dogralan bişirilen hamam
125 g / 4 oz / 1 stakan gabykly karides (gysga)
600 ml / 1 pt / 2½ stakan gaýnag suw
7.5-10 ml / 1½ - 2 nahar çemçesi duz
Bezeg üçin goşmaça gaýnadylan midiýalar, gaýnadylan çorbalar we limon pürsleri

Towugy merkezde deşik goýup, diametri 25 sm / 10 diametrli çörek bişirilýän gapyň (Gollandiýa peçiniň) gyrasyna goýuň. Bugyň gaçmagy üçin ýapyşýan film (plastmassa örtük) bilen ýapyň we iki gezek kesiň. 15 minut doly gaýnadyň. Suwuklygy süzüň we bir gapdalda goýuň. Towugy böle. Tabagy ýuwuň we guradyň. Gazana ýag guýuň we Doly 1 minut gyzdyryň. Sogan, sarymsak we ýaşyl burç garmaly. Doly otda 4 minut bişirmeli. Towuk we ätiýaçlandyrylan likýor bilen galan ähli maddalary goşuň, gowy garmaly. Öňküsi ýaly ýapyň we panany üç gezek öwrüp, Doly 20 minut bişirmeli. Ojakda 10 minut goýuň, soňra ýene 5 minut bişirmeli. Midýa, çorbalar we limon pürsleri bilen ýokarky we bezeliň.

Paella Pimientos bilen

Geýts 6

Paella ýaly taýynlaň, isleseňiz gabyklary we beýleki deňiz önümlerini taşlaň we zolaklara we goşmaça nohutlara bölünen 200g / 7oz gaplanan gysga pimientos bilen limon pürsleri bilen bezeliň.

Amandin towuklary

4 göterýärsiňiz

Demirgazyk Amerikanyň adaty gysga resepti.

4 daýy (towuk), hersi takmynan 450g / 1lb

300 ml / 10 fl oz / 1 kömelek çorbasynyň kondensirlenen kremini alyp biler

150 ml / ¼ pt / 2/3 stakan orta gury şeri

1 sogan sarymsak, ezilen

90 ml / 6 nahar çemçesi gowrulan dogramaly badam (dilimlenen).

175 g / 6 oz / ¾ käse goňur tüwi, bişirilen

Brokkoli

Çorbalaryň döş tarapyny uly, çuň mikrotolkunly howpsuz tabaga bir gatlakda goýuň. Bugyň gaçmagy üçin ýapyşýan film (plastmassa örtük) bilen ýapyň we iki gezek kesiň. Gazany dört gezek öwrüp, 25 minut doly bişirmeli. Towugy indi döş tarapy ýaly öwüriň. Şeri we islendik towuk şiresi bilen ätiýaçlygy çaýlaň. Sarymsagy garmaly. Towugyň üstüne dök. Öňküsi ýaly ýapyň we panany üç gezek öwrüp, 15 minut doly bişirmeli. 5 minut goýuň. Towugy ýyly tabaklara we üstüne sous bilen geçiriň. Badam sepiň we tüwi we brokkoli bilen hyzmat ediň.

Pomidor we reyhan bilen towuk amandini

4 göterýärsiňiz

Towuk Amandine taýynlaň, ýöne kömelek çorbasyny kondensirlenen pomidor kremi we marsala şeri bilen çalşyň. Nahar bişirilýän wagtyň ahyryna 6 ýyrtyk reyhan ýapragyny goşuň.

Towuk diwany

4 göterýärsiňiz

Adatça brokkoli bilen ýasalan Demirgazyk Amerikanyň başga bir ýönekeý hünäri.

1 sany uly brokkoli, bişirilen

25 g / 1 oz / 2 nahar çemçesi ýag ýa-da margarin

45 ml / 3 nahar çemçesi ýönekeý (ähli maksatly) un.

150 ml / ¼ pt / 2/3 stakan gyzgyn towuk ätiýaçlygy

150ml / ¼ tsp / 2/3 stakan ýekeje krem (ýagtylyk).

50 g / 2 oz / ½ käse gyzyl Lester peýniri, grated

30 ml / 2 nahar çemçesi gury ak şerap

5 ml / 1 nahar ýumşak gorçisa

225 g / 8 oz / 2 käse bişirilen towuk, dogralan

Duz

Grounder hozy

45 ml / 3 nahar çemçesi grated parmesan

Paprika

Brokkoli güllere bölüň we ýeňil ýaglanan 25 sm / 10in diametrli çuň tagamyň aşagyna goýuň. Butterag ýa-da margarini aýratyn gaba 45-60 sekunt gaýnadýança gyzdyryň. Uny garmaly we gyzgyn ätiýaçda we kremde ýuwaş-ýuwaşdan garmaly. Her minutda garyşdyryp, galyň we galyň bolýança 4-5 minut bişirmeli. Gyzyl Lester, şerap, gorçisa we towuk bilen garmaly. Tagamyna duz we hoz goşuň. Sousy brokkolyň üstüne guýuň. Parmesan we paprika sepiň. Bugyň gaçmagy üçin ýapyşýan film (plastmassa örtük) bilen ýapyň we iki gezek kesiň. Erýänçä 8-10 minut erişde gyzdyryň.

Selderey bilen krem sousunda towuk

4 göterýärsiňiz

Towuk diwany üçin taýynlaň, ýöne brokkolini 400g / 14oz / 1 uly selderey ýürekleri bilen çalşyp bilersiňiz. (Gapdaky suwuklyk beýleki reseptler üçin saklanyp bilner.)

Çipli krem sousunda towuk

4 göterýärsiňiz

Towuk diwany ýaly taýynlaň, ýöne peýniri we paprika üstüne goýuň. Muňa derek, ownuk ezilen kartoşka çiplerinden 1 kiçi halta sepiň.

Towuk à la King

4 göterýärsiňiz

Amerikanyň başga bir importy we galan towugy ulanmagyň innowasion usuly.

40 g / 1½ oz / 3 nahar çemçesi ýag ýa-da margarin
40 g / 1½ oz / 1½ nahar çemçesi (ähli maksatly) un.
300ml / ½ tsp / 1¼ stakan gyzgyn towuk ätiýaçlygy
60 ml / 4 nahar çemçesi goşa (agyr) krem.
Inçe zolaklara bölünen 1 konserwirlenen gyzyl burç
200g / 7oz / arr 1 stakan dilimlenen konserwirlenen kömelek, guradyldy
Duz we täze ýer gara burç
350 g / 12 oz / 2 käse bişirilen towuk, dogralan
15 ml / 1 nahar çemçesi orta gury şeri
Hyzmat etmek üçin täze tost

Butterag ýa-da margarini 1,5 kwartal / 2½ kwartal / 6 käse gazanda (Gollandiýaly peç) goýuň. Tawingde 1 minutlap ýylylyk, açylmadyk. Uny garmaly, soňra ýuwaş-ýuwaşdan ätiýaçda we kremde garmaly. 5 minutlap doly otda 5-6 minut gaýnap, galyňlaşýança bişiriň, her minutda garmaly. Galan ähli maddalary garmaly we gowy garmaly. Bir tabak bilen örtüň we iň köp 3 minut gyzdyryň. Tostda hyzmat etmezden 3 minut duruň.

Türkiýe King King

4 göterýärsiňiz

Towuk à la King (ýokarda) ýaly taýynlaň, ýöne towugy bişirilen hindi bilen çalşyň.

Towuk à la King peýnir bilen

4 göterýärsiňiz

Towuk à la King (ýokarda) ýaly taýýarlaň, ýöne 3 minut gyzdyranyňyzdan soň, 125g / 4oz / 1 stakan grated gyzyl Lester peýniri bilen üstüňize. Peýnir eränçä, ýene 1-1½ minutlap doly görnüşde gyzdyryň.

Towuk à la King gysga ýollary

4 göterýärsiňiz

Towuk à la King ýaly taýynlaň. Hyzmat etmezden ozal 4 sany uly yzygiderli biskwiti ýa-da peýnir biskwitini ýapyň we esaslary dört ýyly tabakda goýuň. Towuk garyndysy bilen üstüni ýapyň we gapagyny ýapyň. Gyzgyn iýiň.

Slimmer-iň towuk bagyry

4 göterýärsiňiz

Kartoşkanyň ýerine brokkoli ýa-da karam bilen iýip bolýan az ýagly, pes krahmal esasy kurs.

15 ml / 1 nahar çemçesi zeýtun ýagy ýa-da günebakar ýagy

Tohumsyz we inçe dilimlenen 1 gyzyl burç (ýag)

Inçe dilimlenen 1 uly käşir

Inçe dilimlenen 1 uly sogan

2 sany uly selderýa, diagonally inçe dilimlere kesiň

450g / 1lb towuk bagry, ownuk böleklere bölünýär

10 ml / 2 nahar mekgejöwen uny (mekgejöwen krahmaly)

4 sany uly pomidor, gabykly, gabykly we takmynan dogralan

Duz we täze ýer gara burç

75agy 1,75 kwartal / 3-pt / 7½ käse gazana (Gollandiýaly peç) goýuň. Taýýar gök önümleri garmaly we açylmadyk, ýokary otda 5 minut bişirmeli we iki gezek garmaly. Bagry gök önümlere garmaly we ýokary temperaturada 3 minutlap bir gezek garmaly. Dadyp görmek üçin mekgejöwen, pomidor we ysly zatlary garmaly. Bugyň gaçmagy üçin ýapyşýan film (plastmassa örtük) bilen ýapyň we iki gezek kesiň. Bir gezek öwrüp, doly 6 minut bişirmeli.

Slimmers-den Türkiýe bagyr brauzy

4 göterýärsiňiz

Slimmers-iň towuk bagyryny taýýarlamaga taýynlaň, ýöne towuk bagryny hindi bagyry bilen çalşyň.

Towuk tetrazzini

4 göteryärsiňiz

175 g / 6 oz / 1½ käse makaron, gysga

300 ml / 10 fl oz / 1 towuk ýa-da kömelek çorbasynyň kondensirlenen kremini alyp biler

150 ml / ¼ pt / 2/3 käse süýt

225g / 8oz kömelek, dilimlenen

350 g / 12 oz / 2 stakan sowuk bişirilen towuk, dogralan

15 ml / 1 nahar çemçesi limon suwy

50 g / 2 oz / ¾ käse ýalpak badam (dilimlenen).

1,5 ml / ¼ çemçe ýer hozy

75 g / 3 oz / ¾ käse kedr peýniri, inçe grated

Makarony paketdäki görkezmelere görä bişiriň. Syzmak. Çorbany ýagly 1,75 kwartal / 3 kwartal / 7½ stakan çörek bişirilýän tabaga guýuň. Süýdüňi bulamaly. Gyzgyn we ýuwaşlyk bilen köpürýänçä, 5-6 minutlap doly görnüşde açylýar. Makaron we peýnirden başga ähli maddalary garmaly. Bugyň gaçmagy üçin ýapyşýan film (plastmassa örtük) bilen ýapyň we iki gezek kesiň. Gazany üç gezek öwrüp, 12 minut doly bişirmeli. Peýnir bilen açyň we sepiň. Adatça gyzgyn panjara (broýler).

Towuk we garylan gök önümler bilen kaset

4 göterýärsiňiz

Inçe dilimlenen 4 sany uly bişirilen kartoşka
Inçe dilimlenen 3 gaýnadylan käşir
125 g / 4 oz / 1 käse bişirilen nohut
125 g / 4 oz / 1 käse bişirilen süýji mekgejöwen
4 towuk bölegi, hersi 225g / 8oz, deriniň üstünde
300 ml / 10 fl oz / 1 selderey çorbasynyň ýa-da tagamly beýleki tagamyň kondensirlenen kremini alyp biler
45 ml / 3 nahar çemçesi orta gury şeri
30 ml / 2 nahar çemçesi ýekeje krem (ýagtylyk).
1,5 ml / ¼ nahar çemçesi grated hoz
75 g / 3 oz / 1¼ käse mekgejöwen, gaty ezilen

Çuňňur, ýagly 25 sm / 10 diametrli gabyň düýbüni kartoşka we käşir dilimleri bilen çyzyň. Nohut we süýji süýdüne sepiň we towugy goşuň. Bugyň gaçmagy üçin ýapyşýan film (plastmassa örtük) bilen ýapyň we iki gezek kesiň. Gazany dört gezek öwrüp, 8 minut ýokary bişirmeli. Çorbany mekgejöwen bölekerinden başga galan maddalar bilen çaýlaň. Towugyň üstünde goý. Öňküsi ýaly ýapyň we panany iki gezek öwrüp, 11 minut doly bişirmeli. 5 minut goýuň. Hyzmat etmezden ozal mekgejöweniň üstüni açyň we sepiň.

Tüwiniň üstünde bal bilen towuk

4 göterýärsiňiz

25 g / 1 oz / 2 nahar çemçesi ýag ýa-da margarin
1 sany uly sogan, dogralan
6 bölek dogramaly doňuz (dilim), dogralan
75 g / 3 oz / 1/3 stakan uzyn däne, ýeňil bişirilen tüwi
300 ml / ½ pkt / 1 ¼ stakan gyzgyn towuk ätiýaçlygy
Täze ýer gara burç
4 sany towuk göwsi, hersi 175g / 6oz
Inçe grated gabyk we 1 apelsin şiresi
30 ml / 2 nahar çemçesi goýy arassa bal
5 ml / 1 nahar paprika
5 ml / 1 nahar Worcestershire sousy

Butterag ýa-da margarini diametri 20 sm / 8 bolan çuň tabaga goýuň. 1 minutlap ýylylyk açylýar. Tagamy üçin sogan, doňuz, tüwi, çorba we burç bilen garmaly. Towugy ýokarsyna halka salyň. Pyrtykal gabygyny we suwuny, bal, paprika we Worcestershire sousyny bilelikde bulamaly. Towugyň ýarysyny goý. Bugyň gaçmagy üçin ýapyşýan film (plastmassa örtük) bilen ýapyň we iki gezek kesiň. Gazany üç gezek öwrüp, 9 minut gaýnadyň. Gözläň. Towugy galan bal garyndysy bilen ýuwuň. Doly otda 5 minut bişirmeli. Hyzmat etmezden 3 minut dursun.

Ak rum sousunda hek bilen towuk

4 göterýärsiňiz

25 g / 1 oz / 2 nahar çemçesi ýag ýa-da margarin

10 ml / 2 nahar çemçesi mekgejöwen ýa-da günebakar ýagy

1 leňňe, gaty inçe dilimlenen

1 sogan sarymsak, ezilen

75 g / 3 oz / ¾ käse arassa hamam, dogralan

675g / 1½lb ownuk towuk göwsi, ownuk böleklere bölünýär

3 pomidor, gabykly, gabykly we takmynan dogralan

30 ml / 2 nahar çemçesi ak rum

Limon gabygynyň zolagynda 5 sm / 2

1 süýji mämişi şiresi

Duz

150 ml / ¼ pt / 2/3 stakan ýönekeý gatyk

suw howdany (islege görä)

Butterag ýa-da margarin we ýagy 23 sm diametri bolan bir tabaga goýuň (Gollandiýaly peç). 1 minutlap ýylylyk açylýar. Sogan, sarymsak we hamyry garmaly. Iki gezek garyşdyryp, doly otda 4 minut bişirmeli. Towugy garmaly. Bir tabak bilen örtüň we tabagy iki gezek öwrüp, 7 minut doly bişirmeli. Eger ulanýan bolsaňyz, gatykdan we suwdan başga ähli maddalary goşuň. Bugyň gaçmagy üçin ýapyşýan film (plastmassa örtük) bilen ýapyň we iki gezek kesiň. Gazany dört gezek öwrüp, 8 minut ýokary bişirmeli. Gözläň. Gatykdan biraz suwuklyk bilen gatyky birleşdirip, tekiz we kremli bolýança, towugyň üstüne guýuň. 1½ minutlap gyzdyryň. Limonyň gabygyny taşlaň. Suw howdany bilen bezelen,

Konýak sousunda apelsin bilen towuk

4 göterýärsiňiz

Ak rum hek sousundaky towuk ýaly taýýarlaň, ýöne konýak rum we hek mämişi görnüşini çalşyň. Mämişi suwunyň ýerine 60ml / 4 nahar çemçesi zynjyr ale ulanyň.

Çaga makaronlary bilen mangal sousundaky deprekler

4 göterýärsiñiz

900g / 2lb Towuk deprekleri
2 sogan, dogralan
2 sapak sogan, dogralan
30 ml / 2 nahar çemçesi gorçisa
2,5 ml / ½ çemçe paprika
5 ml / 1 nahar Worcestershire sousy
400 g / 14 oz / 1 uly pomidor suwunda dogralan pomidorlary
125 g / 4 oz / 1 käse islendik ownuk makaron
7,5 ml / 1½ nahar duz

Taýaklaryň tigirleri ýaly, diametri 25 sm / 10 bolan çuň tabakda, süňkleri merkeze tarap goýuň. Bugyň gaçmagy üçin ýapyşýan film (plastmassa örtük) bilen ýapyň we iki gezek kesiň. Gazany üç gezek öwrüp, 8 minut ýokary bişirmeli. Bu aralykda gök önümleri bir tabaga salyň we galan maddalary garmaly. Towuk güjügini mikrotolkundan aýyryň, towuk şirelerini gök önüm garyndysyna guýuň. Gowy garmaly. Çemçe bilen çemçe bilen. Öňküsi ýaly ýapyň we panany üç gezek öwrüp, 15 minut doly bişirmeli. Hyzmat etmezden 5 minut dursun.

Meksikanyň mole sousundaky towuk

4 göterýärsiñiz

4 sany towuk göwsi, hersi 175g / 6oz, derisi
30 ml / 2 nahar çemçesi mekgejöwen ýagy
1 uly sogan, inçe kesilen
1 ýaşyl jaň burç (ýag), tohumly we dogralan
1 sogan sarymsak, ezilen
30 ml / 2 nahar çemçesi ýönekeý (ähli maksatly) un.
3 sany gyrgyç
1 aýlaw ýapragy
2,5 ml / as çaý çemçesi ýer darçyny
5 ml / 1 nahar duz
150 ml / ¼ pt / 2/3 stakan pomidor şiresi
Böleklere bölünen 50 g / 2 oz / ½ käse yzygiderli (ýarym süýji) şokolad
175 g / 6 oz / ¾ käse uzyn däne tüwi, bişirilen
15 ml / 1 nahar çemçesi sarymsak ýagy

Towugy diametri 20 sm / 8 bolan çuň gapda goýuň. Bugyň gaçmagy üçin ýapyşýan film (plastmassa örtük) bilen ýapyň we iki gezek kesiň. 6 minut doly gaýnadyň. Sousy taýýarlanyňyzda goýuň. Aýry bir gazanda, açylmadyk ýagy 1 minut gyzdyryň. Sogan, ýaşyl burç we sarymsak garmaly. Iki gezek garyşdyryp, doly otda 3 minut bişirmeli. Uny, soňra ýorunja, aýlaw ýapragy, darçyn, duz we pomidor suwuny garmaly. Her minut garyşdyryp, doly otda 4 minut bişirmeli. Mikrotolkundan aýyryň. Şokolad goşup, gowy garmaly. 30 sekundyň dowamynda ýokaryk bişiriň. Towugy aýyryň we gyzgyn sous bilen ýapyň. Öňküsi ýaly ýapyň we Doly 8 minut bişirmeli. 5 minut goýuň. Tüwi bilen, sarymsak ýagy bilen berilýär.

Çagalar üçin makaron bilen mangal sousundaky towuk ganatlary

4 göterýärsiňiz

Çorbanyň sousundaky deprek taýaklaryny çaga makaronlary bilen taýýarlaň, ýöne towuk ganatlaryny çalşyň.

Towuk Jambalaýa

3-4 nahar

Luiziana ştatyndan gyzgyn aýak, bu ajaýyp tüwi we towuk tagamy, paellanyň garyndaşy.

2 sany towuk göwsi

50 g / 2 oz / ¼ käse ýagy ýa-da margarin

2 sany uly sogan, dogralan

1 gyzyl jaň burç (ýag), tohumly we dogralan

4 sapak sogan, dogralan

2 sany sogan sarymsak, ince kesilen

225 g / 8 oz / 1 stakan uzyn däne, ýeňil bişirilen tüwi

400 g / 14 oz / 1 uly pomidor suwunda dogralan pomidorlary

10-15ml / 2-3 nahar çemçesi duz

Towugy diametri 25 sm / 10 bolan çuň tagamyň gapdalynda goýuň. Bugyň gaçmagy üçin ýapyşýan film (plastmassa örtük) bilen ýapyň we iki gezek kesiň. 7 minut doly gaýnadyň. 2 minut dursun. Towugy bir tabaga geçiriň we ony kesiň. Towuk şirelerini küýze guýuň we bir gapdalda goýuň. Tabagy ýuwuň we guradyň, ýagy goşuň we 1½ minutlap ýokary ýerde eremeli. Reservedtiýaçlandyrylan suwuk, towuk, taýýarlanan gök önümler, sarymsak, tüwi we pomidor bilen garmaly. Duz bilen dadyp görmek möwsümi. Öňküsi ýaly ýapyň we tüwi däneleri gurap, ähli çyglylygy siňdirýänçä, 20-25 minut doly otda bişirmeli. 5 minut goýuň, vilka bilen ýuwuň we derrew hyzmat ediň.

Türkiýe Jambalaýa

3-4 nahar

Towuk Jambalaýa ýaly taýynlaň, ýöne hindi towugyny towuk bilen çalşyň.

Kashtan bilen towuk

4 göterýärsiňiz

25 g / 1 oz / 2 nahar çemçesi ýag ýa-da margarin
2 sany uly sogan, gabykly we grated
430 g / 15 oz / 1 uly, süýjedilmedik kashtan püresi
2,5 ml / as çaý çemçesi duz
4 derisiz, süňksiz towuk göwsi, hersi 175g / 6oz
3 pomidor, garylan, gabykly we dilimlenen
30 ml / 2 nahar çemçesi dogralan petruşka

Hyzmat etmek üçin gyzyl kelem we gaýnadylan kartoşka

Butterag ýa-da margarini diametri 20 sm / 8 bolan çuň tabaga goýuň. 1½ minut erişde açylanda eremeli. Sogan bilen garmaly. Doly otda 4 minut bişirmeli. Bir çemçe kashtan püresi we duz goşup, gowy garmaly, sogan bilen gowy garmaly. Tabagyň düýbüne deň gatlakda ýaýlaň we towuk göwüsini ýokarsyna, saçagyň gyrasyna goýuň. Üstüne pomidor dilimleri we petruşka sepiň. Bugyň gaçmagy üçin ýapyşýan film (plastmassa örtük) bilen ýapyň we iki gezek kesiň. Gazany üç gezek öwrüp, 15 minut gaýnadyň. 4 minut dursun. Gyzyl kelem we kartoşka bilen berilýär.

Gumbo towugy

Geýts 6

Çorba bilen stewiň arasyndaky haç, Gumbo Günorta rahatlygy we Luiziana ştatynyň iň köp eksport edýän ýerlerinden biridir. Esasy okra (aýalyň barmaklary) we goňur gök, ýakymly gök önümler, ysly zatlar, ätiýaçlyk we towuk.

50 g / 2 oz / ¼ käse ýagy
50 g / 2 oz / ½ käse ýönekeý (ähli maksatly) un.
900 ml / 1½ pc / 3¾ stakan gyzgyn towuk çorbasy
350g / 12oz okra (aýalyň barmaklary), guýrukly we guýrukly

2 sany uly sogan, inçe kesilen

2 sany sogan sarymsak, inçe kesilen

2 sany uly selderýa, inçejik dilimlenen

1 ýaşyl jaň burç (ýag), tohumly we dogralan

15–20 ml / 3-4 nahar çemçesi duz

10 ml / 2 nahar çemçesi koriander (koriander)

5 ml / 1 nahar zerdejik

-10hli maksatly 5-10 ml / 1-2 nahar çemçesi

30 ml / 2 nahar çemçesi limon suwy

2 aýlaw ýapragy

5-10 ml / 1-2 nahar çilli sousy

450 g / 1 lb / 4 stakan bişirilen, ownuk towuk

175 g / 6 oz / ¾ käse uzyn däne tüwi, bişirilen

Butteragy 2,5 kwartal / 4½ kwartal / 11 käse gazanda (Gollandiýa peçinde) goýuň. 2 minutlap ýylylyk açylýar. Uny garmaly. Gowy bişirilen biskwitiň reňki açyk goňur reňkli bolýança, her minutda garyşdyryp, 7 minutlap doly bişiriň. Hotuwaş-ýuwaşdan gyzgyn ätiýaçda garmaly. Her okrany sekiz bölege bölüň we towukdan we tüwiden başga ähli maddalar bilen gazana goşuň. Bugyň gaçmagy üçin ýapyşýan film (plastmassa örtük) bilen ýapyň we iki gezek kesiň. 15 minut doly gaýnadyň. Towugy garmaly. Öňküsi ýaly ýapyň we Doly 15 minut bişirmeli. 5 minut goýuň. Çorba jamlaryny garmaly we goýmaly. Hersine bir bölek tüwi goşuň.

Türkiýe gambbo

Geýts 6

Towuk Gumbo ýaly taýynlaň, ýöne bişirilen hindi towugyny çalşyň.

Goňur mämişi pasta bilen towuk göwsi

4 göterýärsiňiz

60ml / 4 nahar çemçesi apelsin marmelady (konserwirlenen) ýa-da inçe kesilen marmelad

15 ml / 1 nahar çemçesi malt sirkesi

15 ml / 1 nahar çemçesi soýa sousy

1 sogan sarymsak, ezilen

2,5 ml / as çaý çemçesi ýer zynjyry

7.5 ml / 1½ nahar çemçesi mekgejöwen (mekgejöwen)

4 sany towuk göwsi, hersi 200g / 7oz, derisi
Bişirilen hytaý naharlary

Towukdan we nahardan başga ähli maddalary ownuk gaba garmaly. 50 sekundyň dowamynda doly, açylmadyk ýylylyk. Towuk göwüslerini diametri 20 sm / 8 çuňlukda goýuň. Fatagyň ýarysyny goşuň. Bir tabak bilen örtüň we tabagy iki gezek öwrüp, 8 minut doly bişirmeli. Döşleri öwüriň we galan ýag bilen çotuň. Öňküsi ýaly ýapyň we ýene 8 minut doly bişiriň. 4 minut goýuň, soňra hytaý naharlary bilen hyzmat ediň.

Kremli burç sousunda towuk

Geýts 6

25 g / 1 oz / 2 nahar çemçesi ýag ýa-da margarin
1 ownuk sogan, inçe kesilen
4 sany towuk göwsi
15 ml / 1 nahar çemçesi mekgejöwen uny (mekgejöwen krahmaly)
30 ml / 2 nahar çemçesi sowuk suw
15 ml / 1 nahar çemçesi pomidor püresi (pasta)
20–30 ml / 4–6 nahar çemçesi çüýşeli ýa-da konserwirlenen Madagaskar ýaşyl burç burçlary
150 ml / ¼ pt / 2/3 käse krem (süýt).
5 ml / 1 nahar duz
275 g / 10 oz / 1¼ stakan uzyn däne tüwi, bişirilen

Butterag ýa-da margarini diametri 20 sm / 8 bolan çuň tabaga goýuň. 45-60 sekundyň dowamynda eremedik, açylmadyk. Sogan goşuň.

Doly otda 2 minut bişirmeli. Towuk göwüsini dänäniň üstünden 2,5 sm / 1 giň zolakda kesiň. Butterag bilen sogan bilen gowy garmaly. Bugyň gaçmagy üçin ýapyşýan film (plastmassa örtük) bilen ýapyň we iki gezek kesiň. Gazany üç gezek öwrüp, 6 minut gaýnadyň. Bu aralykda mekgejöweniň sowuk suwy bilen seresaplylyk bilen garmaly. Tüwiden başga galan maddalary garmaly. Towuk we sogan bilen garmaly, garyndyny saçagyň gyralaryna geçirip, ortasynda azajyk boşluk goýuň. Öňküsi ýaly ýapyň we panany dört gezek öwrüp, Doly 8 minut bişirmeli. 4 minut dursun. Tüwi bilen hyzmat etmezden ozal garmaly.

Türkiýe kremli burç sousunda

Geýts 6

Towuk ýaly kremli burç sousunda taýýarlaň, ýöne towugy hindi towugy bilen çalşyň.

Tokaýyň towugy

4 göterýärsiňiz

4 sany deride towuk kwartaly, hersi 225g / 8oz
30 ml / 2 nahar çemçesi mekgejöwen ýa-da günebakar ýagy
175g / 6oz çyzykly doňuz bölekleri (dilimlenen), dogralan
1 sogan, dogralan
175g / 6oz düwme kömelek, dilimlenen
300 ml / ½ pt / 1¼ stakan dartylan pomidor (passata)
15 ml / 1 nahar çemçesi goňur sirke
15 ml / 1 nahar çemçesi limon suwy
30 ml / 2 nahar çemçesi açyk goňur şeker
5 ml / 1 nahar çemçesi taýýarlanan gorçisa
30ml / 2 nahar çemçesi Worcestershire sousy
Garnitur üçin dogralan koriander ýapraklary

Towugy 25 sm / 10 dýuým çörek bişirilýän gapyň (Gollandiýa peçiniň) gapdalynda goýuň. Bugyň gaçmagy üçin ýapyşýan film (plastmassa örtük) bilen ýapyň we iki gezek kesiň. Aýagy aýratyn gazana guýuň we 1 minut gapaksyz gyzdyryň. Bekon, sogan we kömelek goşuň. Doly otda 5 minut bişirmeli. Galan ähli maddalary garmaly. Towugy iki gezek öwrüp, doly ýapylan towugy 9 minut bişirmeli. Ösümlik garyndysy bilen örtüň we ýokarsy. Öňküsi ýaly ýapyň we panany üç gezek öwrüp, Doly 10 minut bişirmeli. 5 minut goýuň. Hyzmat etmezden ozal koriander bilen sepiň.

Alma we kişmiş bilen towuk

4 göterýärsiňiz

25 g / 1 oz / 2 nahar çemçesi ýag ýa-da margarin

900g / 2lb towuk bogun

2 sogan, dogralan

3 Koks alma, gabykly we dogralan

30 ml / 2 nahar çemçesi kişmiş

1 sarymsak, inçe kesilen

30 ml / 2 nahar çemçesi ýönekeý (ähli maksatly) un.

250 ml / 8 fl oz / 1 kölegeli käse

2 kub sygyr eti

2,5 ml / as çaý çemçesi guradylan kekik

Duz we täze ýer gara burç

30 ml / 2 nahar çemçesi dogralan petruşka

Butterag ýa-da margarini 25 sm / 10 diametrli panada (Gollandiýaly peç) goýuň. 1-1½ minut ereýän mahaly açylýar. Towugy goşuň. Bugyň gaçmagy üçin ýapyşýan film (plastmassa örtük) bilen ýapyň we iki gezek kesiň. 8 minut gaýnadyň. Towugy açyň we öwüriň. Öňküsi ýaly ýapyň we ýene 7 minut doly bişirmeli. Sogan, alma, kişmiş we sarymsagyň üstüni açyň we sepiň. Uny sarymsak bilen ýuwaşlyk bilen garmaly, soňra galan köke bilen garmaly. Sousy kublara bölüň, kekini we tagamyny goşuň. Towugyň üstüne dök. Öňküsi ýaly ýapyň we suwuk köpürjikleýänçä we biraz galyňlaşýança 8 minut doly bişirmeli. 5 minut goýuň. Petruşkany açyň we sepiň.

Armut we kişmiş bilen towuk

4 göterýärsiňiz

Alma we kişmiş towugy ýaly taýynlaň, ýöne almany armut we kölegeli sidr bilen çalşyň.

Greýfrut bilen towuk

4 göterýärsiňiz

2 sapak selderisi
30 ml / 2 nahar çemçesi ýag ýa-da margarin
1 sany uly sogan, inçe grated
4 sany uly towuk bogunlary, jemi 1 kg / 2 funt, derisi
Düz (ähli maksatly) un.
1 sany gülgüne greýpfrut
150 ml / ¼ pt / 2/3 stakan ak ýa-da roza şeraby
30 ml / 2 nahar çemçesi pomidor püresi (pasta)
1,5 ml / ¼ çemçe guradylan bibariýa
5 ml / 1 nahar duz

Selderi dänäniň üstünden inçe zolaklara bölüň. Butterag ýa-da margarini diametri 25 sm / 10 bolan çuň tabaga goýuň. 30 sekundyň dowamynda doly erediň. Sogan we selderini garmaly. 6 minutlap doly bişirmeli. Towugy un bilen ýeňil tozan, soňra saçagyň gyrasyna goý. Bugyň gaçmagy üçin ýapyşýan film (plastmassa örtük) bilen ýapyň we iki gezek kesiň. Gazany üç gezek öwrüp, 10 minut gaýnadyň. Bu aralykda, greýpfrutyň gabygyny gabyň we membranalaryň arasynda kesip kesiň. Towugy açyň we greýpfrut böleklerine sepiň. Şeraby pomidor püresi, bibariýa we duz bilen çaýkap, towugyň üstüne guýuň. Öňküsi ýaly ýapyň we Doly 10 minut bişirmeli. Hyzmat etmezden 5 minut dursun.

Wengriýaly towuk we garylan gök önümler

4 göterýärsiňiz

25 g / 1 oz / 2 nahar çemçesi ýag ýa-da sogan

2 sany uly sogan, dogralan

1 ownuk ýaşyl (ýagly) burç

Inçe dilimlenen 3 sany kiçijik kortet (gök)

450g / 1lb süňksiz towuk göwsi, kesilen

15 ml / 1 çemçe paprika

45 ml / 3 nahar çemçesi pomidor püresi (pasta)

150 ml / ¼ pt / 2/3 käse krem (süýt).

5–7.5 ml / 1–1 nahar çemçesi duz

Butterag ýa-da sarymsagy 25 sm / 10 diametrli panada (Gollandiýaly peç) goýuň. 1–1½ minutlap erişde, açylmadyk ýylylyk. Sogan bilen garmaly. Doly otda 3 minut bişirmeli. Greenaşyl burç, nahar, towuk, paprika we pomidor püresi garmaly. Bugyň gaçmagy üçin ýapyşýan film (plastmassa örtük) bilen ýapyň we iki gezek kesiň. Gazany üç gezek öwrüp, 5 minut doly bişirmeli. Gözläň. Krem we duz bilen ýuwaş-ýuwaşdan işläň. Öňküsi ýaly ýapyň we Doly 8 minut bişirmeli. 5 minut goýuň, soňra garmaly we hyzmat ediň.

Towuk Bourguignonne

Geýts 6

Adatça sygyr etinden ýasalan, ýöne towuk bilen has ýeňil gurme esasy kursy.

25 g / 1 oz / 2 nahar çemçesi ýag ýa-da margarin

2 sogan, dogralan

1 sogan sarymsak, ezilen

750g / 1½lb towuk göwsi, kesilen

30 ml / 2 nahar çemçesi mekgejöwen uny (mekgejöwen krahmaly)

5 ml / 1 nahar kontinental gorçisa

2,5 ml / as çaý çemçesi gury ösümlik garyndysy

300 ml / ½ pt / 1¼ stakan Burgundy şeraby

225g / 8oz kömelek, inçe dilimlenen

5–7.5 ml / 1–1 nahar çemçesi duz

45 ml / 3 nahar çemçesi dogralan petruşka

Butterag ýa-da margarini 25 sm / 10 diametrli panada (Gollandiýaly peç) goýuň. 1½ minut erişde açylanda eremeli. Sogan we sarymsagy garmaly. Bir tabak bilen örtüň we Doly 3 minut bişirmeli. Towugy açyň we bulamaly. Bugyň gaçmagy üçin ýapyşýan film (plastmassa örtük) bilen ýapyň we iki gezek kesiň. 8 minut gaýnadyň. Mekgejöwen we gorçisa seresaplylyk bilen biraz sarymsak bilen garmaly, galan bölegine garmaly. Towugyň üstüne dök. Kömelek we duz sepiň. Öňküsi ýaly ýapyň we sous galyňlaşýança we köpürýänçä, gazany dört gezek öwrüp, 8-9 minut doly bişirmeli. 5 minut goýuň, soňra gowy garmaly we hyzmat etmezden ozal petruşka sepiň.

Towuk Fricasée

Geýts 6

20-30-njy ýyllardan başlap, hemişe tüýdükli, ýagly ak tüwi we panjara (panjara) doňuz rulonlary bilen iýilýän ýörite towugyň janlanmagy.
Uly mikrotolkun gerek.

1,5 kg / 3 funt towuk bogunlary, derisi
8 dilim bilen kesilen 1 sogan
2 sany uly sapakly selderýa, galyň dilimlenen
Inçe dilimlenen 1 ownuk käşir
2 sany galyň limon
1 kiçi aýlaw ýapragy
2 sany gyrgyç
Petruşka
10 ml / 2 nahar duz
300 ml / ½ pt / 1¼ stakan ýyly suw
150ml / ¼ tsp / 2/3 stakan ýekeje krem (ýagtylyk).
40 g / 1½ oz / 3 nahar çemçesi ýag ýa-da margarin
40 g / 1½ oz / 1½ nahar çemçesi (ähli maksatly) un.
1 ownuk limonyň şiresi
Duz we täze ýer gara burç

Towugy diametri 30 sm / 12 diametrli ojakdan goraýan tagamda (Gollandiýaly peç) tertipläň. Gazana limon pürsleri, aýlag ýapraklary, ýorunja we 1 bulgur petruşka bilen sogan, kelem we käşir goşuň. Duz sepiň we suw goşuň. Bugyň gaçmagy üçin ýapyşýan film (plastmassa örtük) bilen ýapyň we iki gezek kesiň. Gazany üç gezek öwrüp, 24 minut gaýnadyň. Towugy al. Etleri süňklerden çykaryň we ownuk böleklere bölüň. Suwuklygy gazandan süzüň we 300 ml / ½ pt / 1¼ käse ätiýaçda saklaň. Krem bilen garmaly. Butteragy uly, ýalpak gaba goýuň. 1½ minutlap doly açylýar. Uny garmaly, soňra gyzgyn ätiýaçda we krem garyndysynda ýuwaş-ýuwaşdan garmaly. Galyňlaşýança we köpürýänçä, her minutda garyşdyryp, 5-6 minut ýokary ýerde bişirmeli. Limon suwuny goşuň, towukda we tagamda garmaly. Öňküsi ýaly ýapyň we gazany iki gezek öwrüp, Doly 5 minut gyzdyryň.

Şerap bilen towuk friksi

Geýts 6

Towuk friksi ýaly taýynlaň, ýöne bary-ýogy 150 ml / ¼ pt / 2/3 stakan ätiýaçlyk goruny ulanyň we 150 ml / ¼ pt / 2/3 stakan gury ak şerap goşuň.

Iň ýokary towuk

Geýts 6

Towuk Fricasée ýaly taýýarlaň. Ahyrynda 5 minut gyzdyranyňyzdan soň, duranyňyzdan soň, goşmaça 15ml / 1 nahar çemçesi bilen garylan 2 ýumurtganyň sarysyna çaýlaň. Garyndynyň ýylylygy sarysy bişirer.

Coq au Vin

Geýts 6

50 g / 2 oz / ¼ käse ýagy ýa-da margarin

1,5 kg / 3 funt towuk bogunlary, derisi

1 uly sogan, inçe kesilen

1 sogan sarymsak, ezilen

30 ml / 2 nahar çemçesi ýönekeý (ähli maksatly) un.

300 ml / ½ pt / 1¼ stakan gury gyzyl çakyr

1 sygyr çorbasy kub

5 ml / 1 nahar duz

12 sany sogan ýa-da duzlanan sogan

60 ml / 4 nahar çemçesi dogralan petruşka

1,5 ml / ¼ çemçe guradylan kekik

Hyzmat etmek üçin gaýnadylan kartoşka we Brýussel miweleri

Butterag ýa-da margarini 30 sm diametrli gazana (Gollandiýaly peç) goýuň. 1 minutlap ýylylyk açylýar. Towuk bölekini goşuň we ähli bölekler ýag bilen örtülýär, ýöne bir gatda saklaň. Bugyň gaçmagy üçin ýapyşýan film (plastmassa örtük) bilen ýapyň we iki gezek kesiň. Gazany üç gezek öwrüp, 15 minut gaýnadyň. Towugy açyp, sogan we sarymsak sep. Uny kem-kemden şeraba garmaly, zerur bölekleri aýyrmak üçin garyşdyryň. Kraft kubda döwüň we duz goşuň. Şerap garyndysyny towugyň üstüne guýuň. Sogan ýa-da gabyk bilen gurşap alyň we petruşka we kekini sepiň. Öňküsi ýaly ýapyň we panany üç gezek öwrüp, Doly 20 minut bişirmeli. 6 minut goýuň.

Kömelekli çakyr

Geýts 6

Coq au Vin ýaly taýynlaň, ýöne 125g / 4oz düwme kömeleklerini ownuk ýa-da duzlanan sogan bilen çalşyň.

Coq-da koks bar

Geýts 6

Coq au Vin ýaly taýynlaň, ýöne saçagy has amatly etmek üçin şeraby kola bilen çalşyň.

Gurlan paluba deprekleri

4 göterýärsiňiz

15 ml / 1 nahar çemçesi Iňlis gorçisa tozy
10 ml / 2 nahar gyzgyn köri tozy
10 ml / 2 nahar paprika
1,5 ml / ¼ nahar çemçesi burç
2,5 ml / as çaý çemçesi duz
1 kg / 2¼ f towuk budlary (takmynan 12)
45ml / 3 nahar çemçesi sarymsak ýagy

Gant, köri, paprika, kaýen we duz bilen garmaly. Çeňňegiň ähli taraplaryny ýapmak üçin ulanyň. Süňk ortasyna tarap uzalyp, tigiriň spikeri ýaly diametri 25 sm / 10 çuň bir tabakda goýuň. Sarymsagy dolulygyna 1 minutlap erediň. Deprekleri eredilen ýag bilen ýuwuň. Bugyň gaçmagy üçin ýapyşýan film (plastmassa örtük) bilen ýapyň we iki gezek kesiň. Gazany iki gezek öwrüp, 16 minut doly bişirmeli.

Towuk awçylary

Geýts 6

"Awçy towugy" diýip terjime edilip bilinjek italýan tagamy.

1,5 kg / 3 funt towuk bölekleri
15 ml / 1 nahar çemçesi zeýtun ýagy
1 uly sogan, inçe kesilen
1 sogan sarymsak, ezilen
30 ml / 2 nahar çemçesi ýönekeý (ähli maksatly) un.
5 pomidor, gabyk, gabyk we dogralan
150 ml / ¼ pt / 2/3 stakan gyzgyn ätiýaçlyk
45 ml / 3 nahar çemçesi pomidor püresi (pasta)
15 ml / 1 nahar çemçesi goňur stol sousy
125g / 4oz kömelek, dilimlenen
10 ml / 2 nahar duz
10 ml / 2 nahar ýumşak goýy goňur şeker
45ml / 3 nahar çemçesi marsala ýa-da orta gury şeri
Hyzmat etmek üçin kremli kartoşka we garylan salat

Towugy 12 dýuým (30 sm) gapda (Gollandiýa peçinde) goýuň. Bugyň gaçmagy üçin ýapyşýan film (plastmassa örtük) bilen ýapyň we iki gezek kesiň. Gazany iki gezek öwrüp, 15 minut doly bişirmeli. Bu aralykda adaty sous ýasaýyň. Gazana ýag guýuň we sogan we sarymsak goşuň. Biraz altyn bolýança (sous) gowurmaly. Uny garmaly, soňra pomidor, çorba, püre we goňur sous goşuň. Sous gaýnap, galyňlaşýança bişirmeli. Galan maddalaryň hemmesini garmaly we towugyň üstüne guý. Öňküsi ýaly ýapyň we panany üç gezek öwrüp, Doly 20 minut bişirmeli. 5 minut goýuň. Kartoş kremi we garylan salat bilen berilýär.

Towuk kowalamak

Geýts 6

Towuk Kacciatore ýaly taýynlaň, ýöne gury ak şeraby marsala ýa-da şeri bilen çalşyň.

Towuk Marengo

Geýts 6

Takmynan 1800-nji ýylda Italiýanyň demirgazygyndaky Werona şäheriniň golaýyndaky Marengo söweşinde Awstriýa ýeňilenden soň söweş meýdanynda Napoleon Bonapartyň şahsy aşpezi tarapyndan oýlanyp tapyldy.

Towuk Kacciatore ýaly taýýarlaň, ýöne diňe 50g / 2oz kömelek ulanyň we gury ak şeraby marsala ýa-da şeri bilen çalşyň. Galan maddalaryň hemmesini garyşdyranyňyzda, 12-16 sany ownuk, goýlan gara zeýtun we 60ml / 4 nahar çemçesi dogralan petruşka goşuň.

Künji towugy

4 göteryärsiňiz

50 g / 2 oz / ¼ käse ýagy ýa-da margarin, ýumşadyldy
15 ml / 1 nahar çemçesi ýumşak gorçisa
5 ml / 1 nahar çemçesi sarymsak püresi (pasta)
5 ml / 1 nahar pomidor püresi (pasta)
90 ml / 6 nahar çemçesi künji tohumy, ýeňil tostlanan
4 towuk bölegi, her 225g / 8oz, deriniň üstünde

Gant, sarymsak we pomidor püresi bilen krem ýagy ýa-da margarin. Künji tohumyny garmaly. Garyndyny towugyň üstünde deň derejede ýaýlaň. Ortasynda deşik galdyryp, diametri 25 sm bolan çuň tabaga ýerleşdiriň. Gazany dört gezek öwrüp, 16 minut ýokary bişirmeli. Hyzmat etmezden 5 minut dursun.

Kapitan

Geýts 6

Demirgazyk Amerikanyň günorta ştatlaryna önden bäri syýahat eden deňiz kapitany tarapyndan ýeňil Gündogar Hindi towuk köri. ABŞ-da gündogar garaşýan bir zada öwrüldi.

50 g / 2 oz / ¼ käse ýagy ýa-da margarin

2 sogan, dogralan

1 sapak sogan, dogralan

1,5 kg / 3 funt towuk bogunlary, derisi

15 ml / 1 nahar çemçesi ýönekeý (ähli maksatly) un.

15 ml / 1 nahar çemçesi ýumşak köri tozy

60 ml / 4 nahar çemçesi badam, garylan, gabykly, ýarym we ýeňil tostlanan

1 ownuk ýaşyl (ýagly) burç, tohumly we inçe kesilen

45 ml / 3 nahar çemçesi soltanlar (altyn kişmiş)

10 ml / 2 nahar duz

400g / 14oz / 1 uly dogralan pomidor

5 ml / 1 nahar şeker

275 g / 10 oz / 1¼ stakan uzyn däne tüwi, bişirilen

Butterag ýa-da margarini 30 sm diametrli gazana (Gollandiýaly peç) goýuň. ½ylylyk, açylmadyk, beýikde 1½ minut. Sogan we selderýa goşup, gowy garmaly. Iki gezek garyşdyryp, doly otda 3 minut bişirmeli. Towuk bogunlaryny goşuň we ýag bilen ösümlik garyndysyna gowy örtülýänçä zyňyň. Un, köri, badam, burç we soltana sepiň. Bugyň gaçmagy üçin ýapyşýan film (plastmassa örtük) bilen ýapyň we iki gezek kesiň. 8 minut gaýnadyň. Duzy pomidor we şeker bilen garmaly. Towugy aýyryň we pomidorlary guýuň. Öňküsi ýaly ýapyň we panany iki gezek öwrüp, 21 minut doly bişirmeli. Tüwi bilen hyzmat etmezden 5 minut goýuň.

Pomidor we kaper sousundaky towuk

6 towuk bogunlary, hersi 225g / 8oz, derisi

Düz (ähli maksatly) un.

50 g / 2 oz / ¼ käse ýagy ýa-da margarin

3 dilim doňuz, dogralan

2 sany uly sogan, dogralan

2 sany sogan sarymsak, inçe kesilen

15 ml / 1 nahar çemçesi, dogralan

400g / 14oz / 1 uly dogralan pomidor

15 ml / 1 nahar çemçesi ýumşak goýy goňur şeker

5 ml / 1 çaý çemçesi gury ösümlik garyndysy

15 ml / 1 nahar çemçesi pomidor püresi (pasta)

15 ml / 1 nahar çemçesi dogralan reyhan ýapraklary

15 ml / 1 nahar çemçesi dogralan petruşka

Towuk bogunlaryny un bilen tozan. Butterag ýa-da margarini 30 sm diametrli gazana (Gollandiýaly peç) goýuň. 2 minutlap ýylylyk açylýar. Bekon, sogan, ýorunja we kepirleri garmaly. Iki gezek garyşdyryp, doly otda 4 minut bişirmeli. Towugy goşuň we ýag ýa-da margarin garyndysy bilen gowy örtülýänçä zyňyň. Bugyň gaçmagy üçin ýapyşýan film (plastmassa örtük) bilen ýapyň we iki gezek kesiň. Gazany üç gezek öwrüp, 12 minut doly bişirmeli. Gowy garyşyp, galan maddalary açyň we goşuň. Öňküsi ýaly ýapyň we Doly 18 minut bişirmeli. Hyzmat etmezden 6 minut dursun.

Towuk paprika

4 göterýärsiňiz

Paprika aýdylýan bu towuk fantaziýasy, Wengriýanyň iň meşhur tagamlaryndan biri bolan gulaş bilen baglanyşykly.

1,5 kg / 3 funt towuk bölekleri
1 sany uly sogan, dogralan
1 ýaşyl jaň burç (ýag), tohumly we dogralan
1 sogan sarymsak, ezilen
30 ml / 2 nahar çemçesi mekgejöwen ýagy ýa-da eredilen sogan
45 ml / 3 nahar çemçesi ýönekeý (ähli maksatly) un.
15 ml / 1 çemçe paprika
300ml / ½ tsp / 1¼ stakan gyzgyn towuk ätiýaçlygy
30 ml / 2 nahar çemçesi pomidor püresi (pasta)
5 ml / 1 nahar ýumşak goýy goňur şeker
2,5 ml / ½ çaý çemçesi kimyon tohumy
5 ml / 1 nahar duz
150 ml / 5 fl oz / 2/3 stakan crème fraîche
Bişirilen ownuk makaron şekilleri

Towuk böleklerini 30 sm / 12 diametrli ojakdan goraýan tabaga (Gollandiýaly peç) goýuň. Bugyň gaçmagy üçin ýapyşýan film (plastmassa örtük) bilen ýapyň we iki gezek kesiň. Gazany iki gezek öwrüp, 15 minut doly bişirmeli. Bu aralykda adaty sous ýasaýyň. Bir gazana (gazana) sogan, burç, sarymsak we ýag guýuň we gök önümler ýumşak, ýöne goňur bolýança seresaplyk bilen gowurmaly. Uny we paprikany garmaly, soňra ýuwaş-ýuwaşdan çorbada garmaly. Garyşanda gaýnadyň. Crème fraîche we makarondan başga galan maddalary garmaly. Towugy aýyryň we sous bilen ýapyň, eýýäm tabakdaky käbir şirelerde işläň. Üsti çemçe crème fraîche. Öňküsi ýaly ýapyň we panany üç gezek öwrüp, Doly 20 minut bişirmeli. Ownuk makaron bilen hyzmat et.

Gündogar towuklarynyň kölegeleri

6–8 nahar

Hindi we Indoneziýanyň täsirleri we tagamlary bu çynlakaý towuk reseptinde birleşýär.

15 ml / 1 nahar çemçesi nohut ýagy (nohut).
3 sany orta sogan, dogralan

2 sany sogan sarymsak, inçe kesilen

900g / 2lb süňksiz towuk göwsi, derisi we inçe zolaklara bölünýär

15 ml / 1 nahar çemçesi mekgejöwen uny (mekgejöwen krahmaly)

60 ml / 4 nahar çemçesi nohut ýagy

150 ml / ¼ pt / 2/3 käse suw

7,5 ml / 1½ nahar duz

10 ml / 2 nahar çemçe köri pastasy

2,5 ml / ½ nahar çemçesi koriander (koriander)

2,5 ml / as çaý çemçesi ýer zynjyry

5 sany kartoşka gabyndan tohumlar

60 ml / 4 nahar çemçesi duzly hoz, gaty dogralan

2 pomidor, dilimlenen

Cagy 25 sm / 10in diametrli panada (Gollandiýa peçinde) açylmadyk ýerde 1 minut gyzdyryň. Sogan we sarymsak goşup, ýokary otda 3 minutlap gowurmaly we iki gezek garmaly. Towugy garmaly we ýokaryk açylmadyk ýerde 3 minut bişirmeli, aýrylmak üçin her minutda vilka bilen garmaly. Bugdaýyň üstüne sepilýär. Fizikden we pomidordan başga ähli maddalarda işläň. Bugyň gaçmagy üçin ýapyşýan film (plastmassa örtük) bilen ýapyň we iki gezek kesiň.

Gazany dört gezek öwrüp, iň köp 19 minut bişirmeli. 5 minut goýuň. Hyzmat etmezden ozal hoz we pomidor dilimleri bilen garmaly we bezeliň.

Nasi Goreng

Geýts 6

Gollandiýa-Indoneziýa hünäri.
175 g / 6 oz / ¾ stakan uzyn däne, ýeňil bişirilen tüwi
50 g / 2 oz / ¼ käse ýagy ýa-da margarin

2 sogan, dogralan

2 leňňe, diňe ak bölegi, gaty inçe dilimlenen

1 ýaşyl çili, tohumly we dogralan (islege görä)

350 g / 12 oz / 3 stakan sowuk bişirilen towuk, gaty dogralan

30 ml / 2 nahar çemçesi soýa sousy

Zolaklara bölünen 1 nusgawy omlet

1 sany uly pomidor, dilimlenen

Tüwini paketdäki görkezmelere laýyklykda bişiriň. Salkyn bolsun. Butterag ýa-da margarini 25 sm / 10 diametrli panada (Gollandiýaly peç) goýuň. 1 minutlap ýylylyk açylýar. Eger ulanýan bolsaňyz, sogan, leňňe we çilimi garmaly. Doly otda 4 minut bişirmeli. Tüwi, towuk we soýa sousyny garmaly. Bir tabak bilen ýapyň we doly otda 6-7 minut bişirmeli, üç gezek garmaly. Omlet zolaklarynyň we pomidor dilimleriniň çyzgyly nagşy bilen bezeliň.

Türkiýe biftek

Bölümler 6

1 hindi, zerur ölçeg (350g / 12oz rugsat beriň) adam başyna bişirilmedik agram)

Bu ýeterlik

Ganatyň uçlaryny we aýagyny folga bilen ýapyň. Guşlary rahat saklamak üçin ýeterlik uly tabaga hindi, döş tarapyny aşak goýuň. Bedeniň gyrasyndan ýokary galsa alada etme. Ingapyşan film (plastmassa folga) bilen örtüň we 4 gezek basyň. 450g / 1lb-de 4 minut ýokary bişirmeli. Peçden çykaryň we döşüň ýokarsynda bolmagy üçin guşy seresaplylyk bilen öwüriň. Guş ýönekeý bolsa, towuk öz-özüne göwni ýetýän bolsa, ýagly esasly ulanyp, pasta bilen galyň çotuň. Öňküsi ýaly ýapyň we 450g / 1lb-de ýene 4 minut bişirmeli. Tort gabyna geçiriň we folga bilen ýapyň. 15 minut goýuň, soňra kesiň.

Ispaniýa Türkiýe

4 göterýärsiňiz

30 ml / 2 nahar çemçesi zeýtun ýagy
4 sany süňksiz hindi towugy, hersi 175g / 6oz
1 sogan, dogralan
12 sany zeýtun, dogralan

2 gaty gaýnadylan (gaty gaýnadylan) ýumurtga (98–9 sahypa),

gabykly we dogralan

30 ml / 2 nahar çemçesi dogralan gerkin

Inçe dilimlenen 2 pomidor

Oilagy 20 sm / 8 diametrli gazanda, gapagy bolmazdan, 1 minut doly gyzdyryň. Kepjäni goşuň we iki tarapyny gowy örtmek üçin ýagy gowy zyňyň. Sogan, zeýtun, ýumurtga we hyýar we çemçe hindi bilen deň derejede birleşdiriň. Pomidor dilimleri bilen bezeliň. Bugyň gaçmagy üçin ýapyşýan film (plastmassa örtük) bilen ýapyň we iki gezek kesiň. Gazany bäş gezek öwrüp, 15 minut gaýnadyň. Hyzmat etmezden 5 minut dursun.

Türkiýe takoslary

4 göterýärsiňiz

Tacos üçin:

450 g / 1 lb / 4 stakan ýer towugy

1 ownuk sogan, dogralan

2 sany sogan sarymsak, inçe kesilen

5 ml / 1 nahar kimyon tohumy, isleseňiz ýer

2,5-5 ml / ½ - 1 çemçe çili tozy

30 ml / 2 nahar çemçesi dogralan koriander ýapraklary

5 ml / 1 nahar duz

60 ml / 4 nahar çemçesi suw

4 sany uly garynja satyn alyndy

Parçalanan salat

Awokado garniturasy üçin:

1 uly bişen awakado

15–20 ml / 3-4 nahar çemçesi dükanda satyn alnan gyzgyn salsa

1 hek şiresi

Duz

60 ml / 4 nahar çemçe gaýmak (süýt).

Takony ýasamak üçin 20 sm / 8 diametrli tagamyň aşagyny hindi bilen çyzyň. Bir tabak bilen örtüň we Doly 6 minut bişirmeli. Etiň dänesini vilka bilen bölüň. Tortilla we salatdan başga galan maddalary garmaly. Bugyň gaçmagy üçin ýapyşýan film (plastmassa örtük) bilen ýapyň we iki gezek kesiň. Gazany dört gezek öwrüp, 8 minut ýokary bişirmeli. 4 minut dursun. Gowy garmaly. Garynjanyň deň mukdaryny garynjalara goýuň, salat goşuň we togalamaly. Bir tabaga geçiriň we ýyly saklaň.

Awakado geýinmek üçin awakadony iki bölege bölüň, eti we püresi süpüriň. Salsa, limon suwy we duz garmaly. Takoslary dört sany ýyly tarelka geçiriň, hersine awokado garyndysy we 15ml / 1 nahar çemçesi gaýmak goşuň. Derrew iýiň.

Pancake Tacos

4 göteryärsiňiz

Türkiýe Tacos ýaly taýynlaň, ýöne dükanda satyn alnan garynjalary öýde ýasalan dört sany krepka bilen çalşyň.

Türkiýe çöregi

4 göteryärsiňiz

450g / 1lb çig toprak hindi (ýer).
1 sogan sarymsak, ezilen
30 ml / 2 nahar çemçesi ýönekeý (ähli maksatly) un.
2 sany uly ýumurtga
10 ml / 2 nahar duz

10 ml / 2 nahar çemçe guradylan kekik

5 ml / 1 nahar Worcestershire sousy

20 ml / 4 nahar çemçesi

Bişirilen kartoşka

Gaýnadylan karam

Peýnir sousy

Kepjebaş, sarymsak, un, ýumurtga, duz, kekik, Worcestershire sousy we hozy garmaly. Çygly eller bilen 15 sm çörege öwrüliň. Çuň tabaga geçiriň, ýapyşýan film (plastmassa örtük) bilen ýapyň we bugyň gaçmagy üçin iki gezek kesiň. 9 minut doly gaýnadyň. 5 minut goýuň. Dört bölege bölüň we kurtka kartoşkasy we karam bilen hyzmat ediň, peýnir sousy bilen örtülendir we panjara (broýler) astynda adatça goňur.

Angliýa-Medrese Türkiýe Karri

4 göterýärsiňiz

Täze ýyl hindi towugyny ulanmak üçin peýdaly resept.

30 ml / 2 nahar çemçesi mekgejöwen ýa-da günebakar ýagy

1 inçe sogan, gaty inçe dilimlenen

1 sogan sarymsak, ezilen

30 ml / 2 nahar çemçesi kişmiş

30 ml / 2 nahar çemçesi kokos (grated).

25 ml / 1½ nahar çemçesi (ähli maksatly) un.

20 ml / 4 nahar gyzgyn köri tozy

300 ml / ½ pt / 1¼ stakan gaýnag suw

30 ml / 2 nahar çemçesi ýekeje krem (ýagtylyk).

2,5 ml / as çaý çemçesi duz

½ limonyň şiresi

350g / 12oz / 3 stakan sowuk bişirilen hindi, kesilen

Hyzmat etmek üçin hindi çöregi, garylan salat we çutna

Oilagy 1,5 litr / 2½ pt / 6 stakan gazana sogan, sarymsak, kişmiş we kokos bilen goýuň. Gowy garmaly. Doly otda 3 minut bişirmeli. Un, köri, suw, krem, duz, limon suwy we hindi bilen garmaly. Bir tabak bilen örtüň we karri galyňlaşýança we köpürjikleýänçä, iki gezek garyşdyryp, 6-7 minut doly bişirmeli. 3 minut dursun. Hindi çöregi, salat we çutna bilen garmaly we hyzmat et.

Miwe bilen miweli köri

4 göterýärsiňiz

30 ml / 2 nahar çemçesi ýag ýa-da margarin

10 ml / 2 nahar çemçesi zeýtun ýagy

2 sogan, dogralan

15 ml / 1 nahar çemçesi ýumşak köri tozy

30 ml / 2 nahar çemçesi ýönekeý (ähli maksatly) un.

150ml / ¼ tsp / 2/3 stakan ýekeje krem (ýagtylyk).

90 ml / 6 nahar çemçesi Grek görnüşindäki ýönekeý gatyk

1 sogan sarymsak, ezilen

30 ml / 2 nahar çemçesi pomidor püresi (pasta)

5 ml / 1 çemçe garam masala

5 ml / 1 nahar duz

1 ownuk hekiň şiresi

4 sany desert almasy, gabykly, reňkli, dörtburç we inçe dilimlenen

Islendik miweli çeýnäniň 30 ml / 2 nahar çemçesi

450 g / 1 lb / 4 stakan sowuk bişirilen hindi, kesilen

Butterag ýa-da margarin we ýagy 25 sm / 10 diametrli panada (Gollandiýaly peç) goýuň. ½ylylyk, açylmadyk, beýikde 1½ minut. Sogan bilen garmaly. Iki gezek garyşdyryp, doly otda 3 minut bişirmeli. Köri, un, krem we gatyk garmaly. Doly otda 2 minut bişirmeli. Galan ähli maddalary goşuň. Bir tabak bilen örtüň we doly otda 12-14 minut bişirmeli, gyzýança her 5 minutda garmaly.

Türkiýe çörek we ýag bilen tort

4 göterýärsiňiz

75 g / 3 oz / 3/8 käse ýag ýa-da margarin

60 ml / 4 nahar çemçe grated parmesan

2,5 ml / as çaý çemçesi guradylan kekik

1,5 ml / ¼ çaý çemçesi guradylan adaty

5 ml / 1 nahar çemçe limon gabygy

4 sany uly dilim ak ýa-da goňur çörek

1 sogan, dogralan

50g / 2oz kömelek, dilimlenen

45 ml / 3 nahar çemçesi ýönekeý (ähli maksatly) un.

300ml / ½ tsp / 1¼ stakan gyzgyn towuk ätiýaçlygy

15 ml / 1 nahar çemçesi limon suwy

45 ml / 3 nahar çemçesi ýekeje krem (ýagtylyk).

225 g / 8 oz / 2 stakan sowuk bişirilen towuk, dogralan

Duz we täze ýer gara burç

Butterag ýa-da margariniň ýarysyny peýnir, kekik, adaty we limon görnüşi bilen gaýmak. Çöregiň üstüne ýaýlaň, soňra her dilimi dört üçburçlyga bölüň. Butterag ýa-da margarini galan diametri 20 sm / 8 çuň tabaga goýuň. ½ylylyk, açylmadyk, beýikde 1½ minut. Sogan we kömelek goşuň. Iki gezek garyşdyryp, doly otda 3 minut bişirmeli. Uny garmaly, soňra ýuwaş-ýuwaşdan ätiýaçda, limon suwunda we kremde garmaly. Towugy we möwsümi dadyp görüň. Bir tabak bilen örtüň we gyzdyrylýança üç gezek garmaly we 8 minutlap gyzdyryň. Mikrotolkundan aýyryň. Çörek üçburçluklary we gyzgyn panjara (broýler) aşagyndaky goňur.

Doldurmak bilen Türkiýe we tüwi güle

4-5 nahar

225 g / 8 oz / 1 stakan uzyn däne, ýeňil bişirilen tüwi
300 ml / 10 fl oz / 1 kömelek çorbasynyň kondensirlenen kremini alyp biler
300 ml / ½ pt / 1¼ stakan gaýnag suw
225 g / 8 oz / 2 stakan süýji mekgejöwen (mekgejöwen)
50 g / 2 oz / ½ käse dogralanmadyk hoz
175 g / 6 oz / 1½ käse bişirilen hindi, dogralan
50g / 2oz sowuk zatlar, kesilen
Koleslaw, hyzmat edenligi üçin

1,75 litr / 3 kwartal / 7½ käse çörek bişirilýän gapda doldurmakdan başga ähli maddalary goýuň. Gowy garmaly. Bugyň gaçmagy üçin ýapyşýan film (plastmassa örtük) bilen ýapyň we iki gezek kesiň. 25 minut doly bişirmeli. Tüwini ýaýratmak üçin vilka bilen ýapyň we garmaly. Sowuk doldurgyç bilen ýapyň. Bir tabak bilen örtüň we Doly 2 minut bişirmeli. 4 minut dursun. Againene-de sokuň we koleslaw bilen iýiň.

Türkiýe mämişi syrçaly göwüs

Hyzmatlar 4–6

Iň az galyndy bilen toý isleýän kiçi maşgalalar üçin.

40 g / 1½ oz / 3 nahar çemçesi ýag
15 ml / 1 nahar çemçesi pomidor ketçup (pişik)
10 ml / 2 nahar çemçe garamtyl (polýus)
5 ml / 1 nahar paprika
5 ml / 1 nahar Worcestershire sousy
1 satsuma ýa-da klementiniň inçe grated görnüşi
Bir çümmük ýer gabygy

1,5 ml / ¼ çaý çemçesi ýer darçyny
Takmynan 1 hindi towugy. 1 kg / 2¼ f

Bir tabakda hindi towugyndan başga ähli maddalary gowy garmaly. Tawingde 1 minutlap ýylylyk, açylmadyk. Kepjebaş göwüsini 25 sm diametrli görnüşde (Gollandiýaly peç) we hamyr tozanynyň ýarysy bilen palto goýuň. Bugyň gaçmagy üçin ýapyşýan film (plastmassa örtük) bilen ýapyň we iki gezek kesiň. 10 minut gaýnadyň. Kepjebaş döşüni öwüriň we galan ýag bilen ýuwuň. Öňküsi ýaly ýapyň we panany üç gezek öwrüp, ýene 10 minut bişirmeli. Dilimlemezden 7-10 minut goýuň.

Süýji we turş ördek

4 göterýärsiňiz

1 ördek, takmynan 2,25 kg / 5 funt, ýuwuldy we guradyldy
45ml / 3 nahar çemçesi mango çeýnesi
Fasulye ösýär
175 g / 6 oz / ¾ käse goňur tüwi, bişirilen

Ördeki 25 sm / 10 diametrli ojakdan goraýan tagamda (Gollandiýaly peç) ýokaryk galdyrylan çaý tabagyna goýuň. Bugyň gaçmagy üçin ýapyşýan film (plastmassa örtük) bilen ýapyň we iki gezek kesiň. 20 minut gaýnadyň. Fatagy we suwy seresaplyk bilen taşlaň. Ördeki öwüriň we kepjäni döşüň üstüne ýaýlaň. Öňküsi ýaly ýapyň we ýene 20 minut bişirmeli. Dört bölege bölüň we noýba ösümlikleri we tüwi bilen hyzmat ediň.

Kanton Ördek

4 göterýärsiňiz

45 ml / 3 nahar çemçesi erik erik (konserwirlenen)
30ml / 2 nahar çemçesi Hytaý tüwi çakyry
10 ml / 2 nahar ýumşak gorçisa
5 ml / 1 çaý çemçesi limon suwy
10 ml / 2 nahar soya sousy
1 ördek, takmynan 2,25 kg / 5 funt, ýuwuldy we guradyldy

Erik jamyny, tüwi şerabyny, gorçisa, limon suwuny we soýa sousyny ownuk tabaga goýuň. Iki gezek garmaly, 1-1½ minutlap gyzdyryň. Ördeki 25 sm / 10 diametrli ojakdan goraýan tagamda (Gollandiýaly peç) ýokaryk galdyrylan çaý tabagyna goýuň. Bugyň gaçmagy üçin ýapyşýan film (plastmassa örtük) bilen ýapyň we iki gezek kesiň. 20 minut gaýnadyň. Fatagy we suwy seresaplyk bilen taşlaň. Ördeki öwrüp, erik döşüne ýaýlaň. Öňküsi ýaly ýapyň we Doly 20 minut bişirmeli. Dört bölege bölüň we hyzmat ediň.

Apelsin sousy bilen ördek

4 göterýärsiňiz

Adatça wagtyň az böleginde mikrotolkunda bişirmek aňsat ýokary derejeli lýuks. Oturylyşyk merkezi üçin suw howdany we täze mämişi dilimleri bilen bezeliň.

1 ördek, takmynan 2,25 kg / 5 funt, ýuwuldy we guradyldy

Sous üçin:

Uly apelsiniň inçe grated gabygy

2 apelsinden şire

30ml / 2 nahar çemçesi dogralan limon marmelady

15 ml / 1 nahar çemçesi smorodina jeli (arassa saklamak)

30 ml / 2 nahar çemçesi mämişi likýor

5 ml / 1 nahar soya sousy

10 ml / 2 nahar mekgejöwen uny (mekgejöwen krahmaly)

Ördeki 25 sm / 10 diametrli ojakdan goraýan tagamda (Gollandiýaly peç) ýokaryk galdyrylan çaý tabagyna goýuň. Bugyň gaçmagy üçin ýapyşýan film (plastmassa örtük) bilen ýapyň we iki gezek kesiň. 20 minut gaýnadyň. Fatagy we suwy seresaplyk bilen taşlaň. Ördeki öwüriň. Öňküsi ýaly ýapyň we Doly 20 minut bişirmeli. Dört bölege bölüň, hyzmat edýän tabaga geçiriň we ýyly saklaň. Nahar bişirilýän suwdan ýagy atyň.

Sous ýasamak üçin mekgejöwen dänesinden başga ähli maddalary ölçeg käsesine goýuň. Taýýar bişirilen şireleri goşuň. 300 ml / ½ pt / 1¼ stakana gyzgyn suw dolduryň. Mekgejöwenini birnäçe nahar çemçesi sowuk suw bilen inçe pasta garmaly. Küýzä goşuň we gowy garmaly. Üç gezek garyşdyryp, doly otda 4 minut bişirmeli. Ördekiň üstüne döküň we derrew hyzmat ediň.

Fransuz stilindäki ördek

4 göterýärsiñiz

1 ördek, takmynan 2,25 kg / 5 funt, ýuwuldy we guradyldy

12 sany pyçak

1 sapak sogan, inçe kesilen

2 sany sogan sarymsak, inçe kesilen

Sous üçin:

300 ml / ½ pt / 1¼ stakan gury sidr

5 ml / 1 nahar duz

10 ml / 2 nahar çemçesi pomidor püresi (pasta)

30 ml / 2 nahar çemçesi

15 ml / 1 nahar çemçesi mekgejöwen uny (mekgejöwen krahmaly)

Bişirilen tagliatelle, hyzmat etmek

Ördeki 25 sm / 10 diametrli ojakdan goraýan tagamda (Gollandiýaly peç) ýokaryk galdyrylan çaý tabagyna goýuň. Ördekiň töweregine gyrymsy, selderýa we sarymsak sepiň. Tabagy ýapyşýan film (plastmassa örtük) bilen ýapyň we bugyň gaçmagy üçin iki gezek kesiň. 20 minut gaýnadyň. Fatagy we şireleri ätiýaçlyk bilen açyň we süzüň. Ördeki öwüriň. Öňküsi ýaly ýapyň we Doly 20 minut bişirmeli. Dört bölege bölüň, hyzmat edýän tabaga geçiriň we ýyly saklaň. Nahar bişirilýän suwdan ýagy atyň.

Sous ýasamak üçin sidri ölçeg käsesine goýuň. Duz, pomidor püresi, crème fraîche, bişirilen suw şiresi we mekgejöwen garyndysyny garmaly. Her minutda garyşyp, galyňlaşýança we köpüräk bolýança 4-5 minut doly otda açyň. Ördek we erik guýuň we tagliatelle bilen hyzmat ediň.

Süňkleri gowurmak we etiň togalanan bogunlary

Deriniň bogun tarapyny uly bir tabakda ýörite mikrotolkun tekjesine goýuň. Clapyşan filmiň bir bölegi bilen örtüň (plastmassa örtük). Her 450g / 1lb üçin aşakdaky nahar bişirmäge rugsat beriň:

- Doňuz eti - 9 minut
- Ham - 9 minut
- Guzy - 9 minut
- Biftek - 6-8 minut

Hat-da nahar bişirmek üçin panany her 5 minutdan öwüriň we elleriňizi ojakdan goraň. Nahar bişirilýän wagtyň ýarysynda 5-6 minut dynç alyň. Nahar bişirilenden soň, bogunlary kesiş tagtasyna geçiriň we goşa folga bilen ýapyň. Dilimlemezden ozal, ululygyna baglylykda 5-8 minut dynç alyň.

Mämişi we hek bilen süýji we turş doňuz eti

4 göterýärsiňiz

4 sany doňuz eti, kesilenden soň 175g / 6oz
60 ml / 4 nahar çemçesi pomidor ketçup (pişik)
15 ml / 1 nahar çemçesi teriýaki sousy
20 ml / 4 nahar malt sirkesi
5 ml / 1 çemçe inçe grated hek gabygy
1 apelsin şiresi
1 ýorunja sarymsak, ezilen (islege görä)
350 g / 12 oz / 1½ stakan goňur tüwi, bişirilen

Çorbalary diametri 25 sm / 10 çuňlukda tertipläň. Tüwiden we çemçeden başga galan zatlaryň hemmesini bir-birine çaýlaň. Bugyň gaçmagy üçin ýapyşýan film (plastmassa örtük) bilen ýapyň we iki gezek kesiň. Gazany dört gezek öwrüp, 12 minut gaýnadyň. Goňur tüwi bilen hyzmat etmezden 5 minut goýuň.

Et eti

8-10 nahar

Gowy subut edilen we köp taraply maşgala meýdançasy. Warmyly, agyr ýa-da portugal sousy ýa-da rustik pomidor sousy bilen dilimlenip, gaýnadylan kartoşka ýa-da makaron peýniri we dürli gök önümler bilen bilelikde berilse ajaýyp. Ativea-da bolmasa, baý maýonez ýa-da salat geýinmek we salat bilen sowuk iýip bilersiňiz. Sandwiçler üçin inçejik dilimläň we salat, dogralan bahar sogan we pomidor bilen doldurmak üçin ulanyň ýa-da kornişon we däneli çörek bilen hyzmat ediň, bu fransuz nusgawy başlangyç häsiýetine eýe.

125 g / 4¾ oz / 3½ açyk reňkli ak çöregi
450g / 1lb arassa sygyr eti (ýer).
450 g / 1 lb / 4 stakan ýer towugy (ýer).
10 ml / 2 nahar duz
3 sany sarymsak, inçe kesilen
4 sany uly ýumurtga
10 ml / 2 nahar Worcestershire sousy
10 ml / 2 nahar gara soýa sousy
10ml / 2 nahar çemçesi taýýarlanan gorçisa

23 sm / 9 diametrli çuň gabyny ýeňil ýaglaň. Iýmit prosessorynda çöregi döwüň. Garyşyk birleşýänçä galan ähli maddalary we impuls goşuň. (Çörek agyr we dykyz bolar ýaly, çakdanaşa çaklamakdan gaça duruň.) Taýýar görnüşde paýlaň. Et garyndysy halka emele getirer ýaly, bir banka çaga jamyny (konserwasiýa) ýa-da göni taraply

ýumurtga käsesini merkeze itekläň. Bugyň gaçmagy üçin ýapyşýan film (plastmassa örtük) bilen ýapyň we iki gezek kesiň. Gazany iki gezek öwrüp, 18 minut doly bişirmeli. Çörek saçagyň gapdalyndan kiçelýär. Warmyly hyzmat edilse 5 minut goýuň.

Türkiýe we kolbasa meýdançasy

8-10 nahar

Beefsteak ýaly taýýarlaň, ýöne ýer (dogralan) sygyr etini 450g / 1lb sygyr eti ýa-da doňuz kolbasa bilen çalşyň. 20 minutyň ýerine iň köp 18 minut bişirmeli.

Doňuz etini sypaýy geýinmek

4 göterýärsiňiz

4 sany doňuz eti, kesilenden soň 175g / 6oz
30 ml / 2 nahar çemçesi ýag ýa-da margarin
5 ml / 1 nahar paprika
5 ml / 1 nahar soya sousy
5 ml / 1 nahar Worcestershire sousy

Çorbalary diametri 25 sm / 10 çuňlukda tertipläň. Tawda ýagy ýa-da margarini 1½ minut erediň. Galan maddalary çaýkap, kletletleriň üstüne guýuň. Bugyň gaçmagy üçin ýapyşýan film (plastmassa örtük) bilen ýapyň we iki gezek kesiň. Gazany dört gezek öwrüp, 9 minut doly gaýnadyň. 4 minut dursun.

Gawaýi doňuz eti we ananas gülegi

Geýts 6

Näziklik, näziklik we ajaýyp tagam Gawaýiniň tropiki adasyndaky et we miweler üçin bu resepti häsiýetlendirýär.

15 ml / 1 nahar çemçesi nohut ýagy (nohut).

1 sogan, inçe kesilen

2 sany sogan sarymsak, inçe kesilen

900g / 2lb doňuz eti, kesilen

15 ml / 1 nahar çemçesi mekgejöwen uny (mekgejöwen krahmaly)

400 g / 14 oz / 3½ stakan konserwirlenen ezilen ananas tebigy suwda

45 ml / 3 nahar çemçesi soýa sousy

5 ml // 1 çaý çemçesi ýer zynjyry

Täze ýer gara burç

Cagy diametri 23 sm / 9 bolan çuň tabagyň aşagy we gapdallary bilen ýuwuň. Sogan we sarymsak goşup, ýokary otda 3 minut gowurmaly. Doňuz etini, mekgejöwen, ananas we suwy, soýa sousyny we zynjyry garmaly. Burç bilen möwsüm. Käbäniň içki gyrasynyň töweregine halka goýuň, ortasynda azajyk boşluk goýuň. Bugyň gaçmagy üçin ýapyşýan film (plastmassa örtük) bilen ýapyň we iki gezek kesiň. Gazany dört gezek öwrüp, 16 minut ýokary bişirmeli. 5 minut goýuň, hyzmat etmezden ozal garmaly.

Gawaýy Gammon we Ananas Kaserol

Geýts 6

Gawaýi doňuz eti we ananas güle ýaly taýynlaň, ýöne doňuz etini kesilmedik ýumşak gammon bilen çalşyň.

Baýramçylyk gammon

10-12 nahar

Ro Christmasdestwo ýa-da Täze ýyl bufeti üçin amatly, mikrotolkunly gammon çygly we şireli bolup, owadan oýulýar. Bu kanagatlanarly netije üçin iň uly ululykdyr.

Gammon bogun, iň ýokary agramy 2,5 kg / 5½ f
50 g / 2 oz / 1 stakan reňkli çörek bölekleri
Bütin gyrgyçlar

Duzuň düzümini azaltmak üçin bogun ilki bilen gaýnadylýar. Gammony uly gazana salyň, sowuk suw bilen ýapyň, gaýnadyň we suw guýuň. Gaýtalama. Dökülen bogunlary ölçäň we 8 minut bişirmek wagtyny 450g / 1lb-de doly beriň. Birleşmäni göni mikrotolkunyň içindäki aýna tarelkasyna goýuň ýa-da uly, ýalpak gaba ýerleşdiriň. Dar ujy bar bolsa, çakdanaşa çakmazlyk üçin folga bölejigine örtüň. Gammony aşhana kagyzy bilen örtüň we bişirilýän wagtyň ýarysyna bişiriň. Mikrotolkunda 30 minut goýuň. Folga aýyryň, ulanylsa, boguny öwüriň we aşhana kagyzy bilen ýapyň. Gaýnap gutaryň we ýene 30 minut goýuň. Bir tabaga geçiriň. Derini aýyryň, ýagy kesiň, soňra ownuk böleklere sepiň. Her göwheri ýorunja bilen çalyň.

Glazed Gala Gammon

10-12 nahar

Gammon bogun, iň ýokary agramy 2,5 kg / 5½ f
50 g / 2 oz / 1 stakan reňkli çörek bölekleri
Bütin gyrgyçlar
60 ml / 4 nahar çemçesi demerara şeker
10 ml / 2 nahar çemçesi gorçisa tozy
60 ml / 4 nahar çemçesi ýag ýa-da margarin, eredildi
5 ml / 1 nahar Worcestershire sousy
30 ml / 2 nahar çemçesi ak üzüm şiresi
Kokteýl alça

Festiwal Gammon ýaly taýynlaň, ýöne her alternatiw göwheri ýorunja bilen üwäň. Glalpyldawuk ýasamak üçin şeker, gorçisa, ýag ýa-da margarin, Worcestershire sousy we üzüm suwuny birleşdiriň. Gammony bir tarelka geçiriň we ýagy syrça bilen ýapyň. Birleşmäni adatdakysy ýaly 190 ° C / 375 ° F / gaz belliginde 25-30 minutda, ýag altyn goňur bolýança bişiriň. Galan ýagly göwherleri kokteýl alçalary bilen kokteýl taýaklaryna (diş dişleri) ýapyň.

Paella ispan salamy bilen

Geýts 6

Paella ýaly taýynlaň, ýöne towugy gaty dogralan salamy bilen çalşyň.

Şwes görnüşindäki köfte

4 göterýärsiňiz

Kottbullar diýlip atlandyrylýan bu, Şwesiýanyň milli tagamlaryndan biridir, bu ýerde gaýnadylan kartoşka, kepen sousy, agyr we garylan salat hödürlenýär.

75 g / 3 oz / 1½ stakan täze ak çörek döwükleri
1 sogan, inçe kesilen
225 g / 8 oz / 2 käse ownuk (ýer) ýuka doňuz eti.
225 g / 8 oz / 2 käse ýer sygyry (ýer).
1 uly ýumurtga
2,5 ml / as çaý çemçesi duz
175 ml / 6 fl oz / 1 ownuk süýt bugaryp biler
2,5 ml / ½ çaý çemçesi ähli maksatly
25 g / 1 oz / 2 nahar çemçesi margarin

Margarinden başga ähli maddalary gowy garmaly. 12 deň ölçegli topy emele getiriň. Mikrotolkunda 14-nji sahypadaky görkezmelere ýa-da saçak ýa-da mikrotolkunly peç bilen gelýän görkezme gollanmasynda gyzgyn tagamy gyzdyryň. Margarini goşuň we eliňiz bilen peç garyndylary bilen goralýan, aşagy doly ýapylýança tabagy aýlaň. Bu pursatda ulalar. Çorbalary goşuň we derrew goňur öwüriň. Bugyň gaçmagy üçin ýapyşýan film (plastmassa örtük) bilen ýapyň we iki gezek kesiň. Gazany dört gezek öwrüp, iň köp 9 ýarym minut bişirmeli. Hyzmat etmezden 3 minut dursun.

Doňuz etini biskwit bilen gowurmaly

Etiň uzak wagtlap gowrulan wagty sebäpli doňuz etinde geň galdyryjy deri.

Aýak bölegini saýlaň, adam başyna 175g / 6oz rugsat berýär. Derini pyçak bilen salyň we duz bilen galyň we paprika bilen has ýeňil sepiň. Deriniň bogun tarapyny uly bir tabakda ýörite mikrotolkun tekjesine goýuň. Çörek kagyzy bilen ýapyň. Biftek ýaly açyň we her 450g / 1lb üçin 9 minut gerek bolsun. Hat-da nahar bişirmek üçin panany her 5 minutdan öwüriň we elleriňizi ojakdan goraň. Nahar bişirilýän wagtyň ýarysynda 6 minut dynç alyň. Nahar bişirilenden soň, bogunlary kesiş tagtasyna geçiriň we goşa folga bilen ýapyň. Gök önümler, adaty we sogan bilen dogramaly we hyzmat etmezden ozal 8 minut goýuň.

Doňuz etini bal bilen gowurmaly

Doňuz etini döwmek üçin taýynlaň, ýöne duz we paprika bilen çalmazdan ozal, 20ml / 1 nahar çemçesi taýýarlanan gorçisa we 10ml / 2tbsp Worcestershire sousy bilen garylan 90ml / 6 nahar çemçe gara arassa bal bilen çotuň.

Doňuz eti gyzyl kelem bilen

4 göterýärsiňiz

Ro Christmasdestwo güni gyzyl kelem bankalary we bankalary dolduranda gyş işi. Kartoşka püresi we petruşka bilen iýiň.

450g / 1lb bişirilen gyzyl kelem

4 pomidor, gabykly, gabykly we dogralan

10 ml / 2 nahar duz

4 sany doňuz eti, kesilenden soň 175g / 6oz

10 ml / 2 nahar soya sousy

2,5 ml / as çaý çemçesi sarymsak duzy

2,5 ml / ½ çemçe paprika

15 ml / 1 nahar çemçesi ýumşak goýy goňur şeker

Kelem, diametri 20 sm / 8 diametrli ojakdan goraýan tagamyň (Gollandiýaly ojak) aşagynda goýuň. Pomidor bilen duzy garmaly we ketletleri üstünde goýuň. Soya sousyny döküň we galan maddalara sepiň. Bugyň gaçmagy üçin ýapyşýan film (plastmassa örtük) bilen ýapyň we iki gezek kesiň. Gazany dört gezek öwrüp, 15 minut doly gaýnadyň. Hyzmat etmezden 4 minut dursun.

Rumyn görnüşindäki doňuz eti

4 göterýärsiňiz

15 ml / 1 nahar çemçesi zeýtun ýagy

1 ownuk sogan, dogralan

1 sogan sarymsak, ezilen

Doňuz etinden 4 dilim, hersi 125g / 4oz, inçe bolýança gysylýar

60 ml / 4 nahar çemçesi pomidor şiresi

5 ml / 1 nahar çemçe guradylan oregano

125g / 4oz mozzarella peýniri, dilimlenen

30 ml / 2 nahar çemçesi

Polenta

Oilagy diametri 25 sm / 10 çuň görnüşe guýuň. 1 minut doly gyzdyryň. Sogan we sarymsagy garmaly. Iki gezek garyşdyryp, doly otda 4 minut bişirmeli. Doňuz etini bir gatda tabaga goşuň. Doly otda 2 minut bişirmeli. Ipene-de 2 minut bişirmeli we bişirmeli. Pomidor şiresi we oregano bilen çalyň, üstünde mozarella dilimleri bilen çalyň, soňra kepirlere sepiň. Bugyň gaçmagy üçin ýapyşýan film (plastmassa örtük) bilen ýapyň we iki gezek kesiň. 2-3 minut ýa-da peýnir eränçä gowy bişirmeli. Sogan bilen hyzmat etmezden 1 minut dursun.

Doňuz eti we gök önüm nahary

6–8 nahar

15 ml / 1 nahar çemçesi günebakar ýa-da mekgejöwen ýagy

1 sogan, grated

2 sany sogan sarymsak, inçe kesilen

1,5cm / ¾ dilimlere kesilen 675g / 1½lb doňuz eti

30 ml / 2 nahar çemçesi ýönekeý (ähli maksatly) un.

5 ml / 1 nahar çemçe guradylan marjoram

5 ml / 1 nahar inçe grated apelsin gabygy

200 g / 7 oz / 1¾ käse konserwirlenen ýa-da eredilen garylan doňan nohut we käşir

200 g / 7 oz / 1½ stakan süýji mekgejöwen (mekgejöwen)

300 ml / ½ pt / 1¼ käse gül şeraby

150 ml / ¼ pt / 2/3 stakan ýyly suw

5 ml / 1 nahar duz

Oilagy 2 kwartal / 3½ kwartal / 8½ käse gazana (Gollandiýa peçine) guýuň. 1 minutlap ýylylyk açylýar. Sogan we sarymsagy garmaly. Iki gezek garyşdyryp, doly otda 4 minut bişirmeli. Doňuz etini goşuň. Tabagy tabak bilen örtüň we Doly 4 minut bişirmeli. Et bölekleriniň gowy örtülendigine göz ýetirip, uny garmaly. Duzdan başga ähli maddalary goşuň. Bugyň gaçmagy üçin ýapyşýan film (plastmassa örtük) bilen ýapyň we iki gezek kesiň. Gazany dört gezek öwrüp, iň köp 17 minut bişirmeli. Tagamyna we hyzmat etmegine duz goşmazdan ozal 5 minut duruň.

Çili doňuz eti

4 göterýärsiňiz

Doňuz etiniň 4 gapyrgasy, hersi 225g / 8oz, arkaýyn

10 ml / 2 nahar çili ýa-da Cajun tagamy

5 ml / 1 nahar sarymsak tozy
400g / 14oz / 1 uly gyzyl böwrek noýbasy bolup biler
400g / 14oz / 1 uly dogralan pomidor
30 ml / 2 nahar çemçesi täze dogralan koriander
2,5 ml / as çaý çemçesi duz

Kesikleri diametri 30 sm / 12 çuňlukda goýuň. Icesakymly ysly zatlary we sarymsagyň poroşoklaryny sepiň. Bugyň gaçmagy üçin ýapyşýan film (plastmassa örtük) bilen ýapyň we iki gezek kesiň. Tagtany iki gezek öwrüp, 8 minut doly bişirmeli. Şireleri bilen noýba we pomidor bilen açyň we ýaýradyň. Koriander we duz sepiň. Öňküsi ýaly ýapyň we 3 gezek öwrüp, 15 minut doly bişirmeli. Hyzmat etmezden 5 minut dursun.

Çutna we mandarin bilen doňuz eti

4 göterýärsiňiz

Doňuz etiniň 4 gapyrgasy, hersi 225g / 8oz, arkaýyn
Lighteňil şerapda 350g / 12oz / 1 uly guty mandarin segmentleri

5 ml / 1 nahar paprika

20 ml / 4 nahar soya sousy

45ml / 3 nahar çemçesi miwe çeýnesi, zerur bolsa dogralan

2 sany sogan sarymsak, inçe kesilen

Tüwi

Kesikleri diametri 30 sm / 12 çuňlukda goýuň. 30ml / 2 nahar çemçesi siropyny saklap, mandarinleri süzüň we miwäni kesiklere bölüň. Zeriklenen şerbeti, tüwi we çemçe bilen mandarinleriň üstünden galan maddalar bilen çaýlaň. Bugyň gaçmagy üçin ýapyşýan film (plastmassa örtük) bilen ýapyň we iki gezek kesiň. Gazany dört gezek öwrüp, 20 minut gaýnadyň. 5 minut goýuň, soňra tüwi bilen hyzmat ediň.

Gril gapyrgalar.

4 göterýärsiňiz

1 kg / 2¼ f doňuz eti ýa-da ätiýaçlyk gapyrga

50 g / 2 oz / ¼ käse ýagy ýa-da margarin

15 ml / 1 nahar çemçesi pomidor ketçup (pişik)

10 ml / 2 nahar soya sousy

5 ml / 1 nahar paprika

1 sogan sarymsak, ezilen

5 ml / 1 çaý çemçesi gyzgyn çili sousy

Doňuz etini ýuwuň we guradyň we aýry gapyrgalara kesiň. Iň uly tegelek, mikrotolkunda amatly gabat gelýän, her gapyrganyň dar tarapy merkeze tarap ýerleşdiriň. Bugyň gaçmagy üçin ýapyşýan film (plastmassa örtük) bilen ýapyň we iki gezek kesiň. Gazany üç gezek öwrüp, 10 minut gaýnadyň. Theaýramagy üçin, galan maddalary bir tabaga garmaly we gapda açylmadyk otda 2 minut garmaly. Gapyrgalary açyň we ýagy seresaplylyk bilen döküň. Oilagyň ýarysy bilen çotuň. Doly otda 3 minut bişirmeli. Dil bilen öwrüň we galan toplar bilen çotga. Doly otda 2 minut bişirmeli. Hyzmat etmezden 3 minut dursun.

Peýnir sousunda hamam bilen örtülen çikory

4 göterýärsiňiz

Gelip çykan ýurdy Belgiýada chicorées au deri diýilýär. Ham bilen örtülen we ýönekeý peýnir sousy bilen örtülen kümüş-ak ösümlik gastronomiki eserdir.

Takmynan 8 sany kelleli (Belgiýa endive). Jemi 1 kg / 2¼ f
150 ml / ¼ pt / 2/3 stakan gaýnag suw
15 ml / 1 nahar çemçesi limon suwy
8 sany uly bölek bişirilen hamam
600 ml / 1 pc / 2½ stakan süýt
50 g / 2 oz / ¼ käse ýagy ýa-da margarin
45 ml / 3 nahar çemçesi ýönekeý (ähli maksatly) un.
175 g / 6 oz / 1½ käse Edam peýniri, grated
Duz we täze ýer burç
Hyzmat etmek üçin çipler (gowrulan kartoşka)

Çikorini kesiň, gögeren ýa-da zeper ýeten daşky ýapraklary aýyryň we ajy tagamyň öňüni almak üçin hersiniň düýbünden konus şekilli bölegi kesiň. Uçlaryny, diametri 30 sm bolan çuň tabakda tigiriň uçlary ýaly tertipläň. Suw we limon suwy bilen sepilýär. Bugyň gaçmagy üçin ýapyşýan film (plastmassa örtük) bilen ýapyň we iki gezek kesiň. Gazany iki gezek öwrüp, 14 minut doly bişirmeli. 5 minut goýuň, soňra gowy suwlaň. Tabagy ýuwuň we guradyň. Çikori gyzgyn bolanda, hersini bir bölejik bilen örtüň we tabaga gaýdyň. Süýdüni bir käse salyň we açylmadyk ýagdaýda 3 minut gyzdyryň. Sarymsagy ýa-da margarini 1,2 litr / 2 pt / 5 käse gazana goýuň we 1 minutlap doly erediň. Uny garmaly, soňra ýuwaş süýtde ýuwaş-ýuwaşdan garmaly. Sous köpelýänçä we galyňlaşýança yzygiderliligi üpjün etmek üçin her minudy garyşdyryp, 5-6 minutlap doly bişiriň. Peýniri we tagamy garmaly. Çikory we hamamyň üstüne deň derejede guýuň. Bir tabak bilen örtüň we iň köp 3 minut gyzdyryň. 3 minut dursun. Goňur, adatça gyzgyn panjara (broýler), isleseňiz, çip bilen hyzmat ediň.

Doňuz gapyrgalary ýelmeşýän mämişi barbekýu sousunda

4 göterýärsiňiz

1 kg / 2¼ f doňuz eti ýa-da ätiýaçlyk gapyrga
30 ml / 2 nahar çemçesi limon suwy
30 ml / 2 nahar çemçesi soýa sousy

5 ml / 1 çemçe Japaneseapon wasabi tozy
15 ml / 1 nahar çemçesi Worcestershire sousy
300 ml / ½ pt / 1 ¼ käse täze gysylan mämişi suwy
30 ml / 2 nahar çemçe goýy mämişi marmelad
10ml / 2 nahar çemçesi taýýarlanan gorçisa
1 sogan sarymsak, ezilen
Hyzmat etmek üçin bişirilen hytaý naharlary
Bezeg üçin birnäçe bölek mämişi

Gapyrgalary uly, ýalpak gaba goýuň. Bugyň gaçmagy üçin ýapyşýan film (plastmassa örtük) bilen ýapyň we iki gezek kesiň. Gazany iki gezek öwrüp, 7 minut doly bişirmeli. Seresaplyk bilen açyň we ýagy döküň. Nahardan başga galan maddalary bilelikde bulamaly we gapyrgalaryň üstüne guýuň. Aşhana kagyzy bilen ýeňil ýapyň we Doly 20 minut bişirmeli, tabagy dört gezek öwrüp, her gezek sous bilen ýuwuň. Aýry-aýrylykda gaýnadylan hytaý naharlary we mämişi dilimleri bilen iýiň.

Biftek we kömelek pudingi

4 göterýärsiňiz

Bu köne iňlis hazynasy, mikrotolkunda düýş ýaly işleýär, konditer gabygy (makaron) edil özi ýaly hereket edýär. Bu mekirlik, öýde öndürilen stew ýa-da konserwirlenen et ýaly taýýarlanan eti ulanmakdyr, sebäbi çig et kubikleri suwuklyk bilen bişirilende mikrotolkunda birleşýär.

Konditer önümleri üçin:

175 g / 6 oz / 1½ stakan öz-özüni ösdürip ýetişdirýän un

2,5 ml / as çaý çemçesi duz

50 g / 2 oz / ½ käse ownuk et ýa-da wegetarian sueti

90 ml / 6 nahar çemçesi sowuk suw

Doldurmak üçin:

Sous bilen 450g / 1lb gowrulan et

125g / 4oz düwme kömelekleri

Hamyr ýasamak üçin uny we duzy bir gaba atyp, suwa garmaly. Çeňňek ulanyp, ýumşak, ýöne ýumşak hamyr etmek üçin ýeterlik suwda garmaly. Smoothumşak bolýança ýuwaşlyk bilen dyzlaň, soňra 30 sm / 12in tegelek görnüşde ýumruň. Çärýek kesilen görnüşde kesiň we gapagy üçin bir gapdalda goýuň. 900 ml / 1½ pt / 3¾ stakan çukury basseýnini gowy ýaglaň we konditer önümleri bilen çyzyň, aşaky we gapdaldan basseýniň ýokarky gyrasyna çenli işlediň we barmaklaryňyzyň ujy bilen islendik gyrmalary basyň. Bogunlary çyg barmaklar bilen birleşdirip möhürläň.

Doldurmak üçin, gowrulan eti we kömelegi mikrotolkunda ýa-da adaty ýagdaýda gyzdyryň. Salkyn bolsun. Hamyr bilen örtülen tabaga guýuň. Gapak ýasamak, gyrasyny nemlendirmek we hamyryň öňünden goýmak üçin möhürlemek üçin birleşdirilen hamyry togalamaly. Bugyň gaçmagy üçin ýapyşýan film (plastmassa örtük) bilen ýapyň we iki gezek kesiň. Hamyr gowy ýokarlanýança 7 minut ýokary bişirmeli. 3 minut goýuň, soňra hyzmat etmek üçin tabaklara geçiriň.

Biftek we böwrek pudingi

4 göterýärsiňiz

Biftek we kömelek pudingine taýynlaň, ýöne 450g / 1lb Stew Steak we Kidney Mix ulanyň.

Biftek we kashtan pudingi

4 göterýärsiňiz

Biftek we kömelek pudingine taýynlaň, ýöne kömelekleri tutuş kashtan bilen çalşyň.

Bişirilen we duzlanan hoz çorbasy

4 göterýärsiňiz

Biftek we kömelek pudingine taýynlaň, ýöne kömelekleri 4 kwartal duzlanan hoz we 8 erik bilen çalşyň.

Günorta Amerikadan "Et hamyry"

4 göterýärsiňiz

2 sogan, inçe kesilen ýa-da üwelen
275g / 10oz arassalanmadyk kädi, gök ýa-da gök, dogralan
1 sany uly pomidor, garylan, gabykly we dogralan
450 g / 1 lb / 4 stakan ýer sygyry
5-10 ml / 1-2 nahar çemçesi duz
Braziliýa tüwi

Gök önümleri we kesikleri diametri 20 sm (Gollandiýaly peç) bilen gazana goýuň. Bugyň gaçmagy üçin ýapyşýan film (plastmassa örtük) bilen ýapyň we iki gezek kesiň. Gazany üç gezek öwrüp, 10 minut gaýnadyň. Eti döwmek üçin örtüň we gowy sürtüň. Bir tabak bilen örtüň we bir gezek garmaly we 5 minut doly otda bişirmeli. 3 minut we duz bilen möwsümde dursun. Etiň işlenmedik sousunda ep-esli yzygiderliligi bolar. Braziliýa tüwi bilen hyzmat et.

Braziliýada ýumurtga we zeýtun bilen "et hamyry"

4 göterýärsiňiz

Günorta Amerikanyň ýer sygyr etine taýynlaň, ýöne kädini, gök önümini ýa-da gök önümini (gök) taşlaň. Et garyndysyna 60ml / 4 nahar çemçesi goşuň. Başlangyç nahar wagtyny 7 minuta çenli azaldyň. Oturanyňyzdan soň, 3 bölek gaty gaýnadylan (gaty gaýnadylan) ýumurtga we 12 sany gök zeýtun garmaly.

Ruben sendwiwi

Hyzmatlar 2

Islendik Demirgazyk Amerikalynyň tassyklamagyna görä açyk Ruben Sandwiç, Nýu-Yorkorkdan Kaliforniýa delisler tarapyndan öndürilen toý.

2 sany uly bölek goňur ýa-da çowdary çöregi

Maýonez

175g / 6oz burçly sygyr eti, pastrami ýa-da gök, inçe dilimlenen

175g / 6oz suwly ýorunja

Gruyère (Şweýsariýa) ýa-da Emmental peýniriň 4 sany inçe bölegi

Çöregi maýonez bilen ýaýradyň we dilimleri uly tabaga goýuň. 1½ minutlap eremekde ýylylyk, açylmadyk. Spatula bilen ýuwaşlyk bilen basyp, hersini biftek we ýokarsy ýorunja bilen deň derejede örtüň. Peýnir bilen ýapyň. Peýnir eränçä 1½2 minut doly bişirmeli. Derrew iýiň.

Sygyr eti Çow Mein

4 göterýärsiňiz

Towuk Çow Mein ýaly taýynlaň, ýöne sygyr etini towuk bilen çalşyň.

Sygyr eti Suey

4 göterýärsiňiz

Towuk Çop Suey ýaly taýynlaň, ýöne towugy sygyr etine çalşyň.

Aubergine we sygyr eti bilen güle

Geýts 6

Luiziana ştatynyň bu hünäri hemmeler üçin ýakymly we ýerli ilat tarapyndan gowy görülýär.

4 sany süýjülik (gämi duralgasy)
10 ml / 2 nahar duz
45ml / 3 nahar çemçesi gaýnag suw
1 sogan, inçe grated
450 g / 1 lb / 4 stakan sygyr eti (ýer).

75 g / 3 oz / 1½ stakan täze ak çörek döwükleri
1,5–2.5 ml / ¼ - ½ çemçe çilli sousy
Duz we täze ýer burç
25 g / 1 oz / 2 nahar çemçesi ýag
250 g / 8 oz / 2¼ stakan uzyn däne Amerikan tüwi, bişirilen

Üstünde guýrugy guýuň we arassalaň we eti kublara bölüň. Bir tabaga ýa-da uly tabaga salyň we duz we gaýnag suw bilen garmaly. Bugyň gaçmagy üçin ýapyşýan film (plastmassa örtük) bilen ýapyň we iki gezek kesiň. 14 minut doly gaýnadyň. 2 minut dursun. Gowy guradyň, soňra blenderde ýa-da iýmit prosessorynda goýuň we tä tämizlenýänçä gaýtadan işlediň. Saýlawly tabagy gowy ýaglaň. Aubergine püresi, sogan, sygyr eti, çörek bölekleriniň ýarysy, burç sousy we duz we dadyp görmek üçin täze ýer gara burçuny garmaly. Gazanda ýag çalynýar. Galan çörek böleklerine sepiň, soňra ýalpyldawuk ýag bilen çotuň. Doly otda 10 minut bişirmeli. Isleseňiz, ýokaryk bermek üçin, hyzmat etmezden ozal gyzgyn panjara (broýler) aşagynda taýynlaň. Tüwi bilen hyzmat et.

Karri patty

Geýts 8

675 g / 1½ lb / 6 stakan arassa sygyr eti (ýer).
50 g / 2 oz / 1 stakan täze ak çörek döwükleri
1 sogan sarymsak, ezilen
1 sany uly ýumurtga
300 ml / 10 fl oz / 1 kondensirlenen pomidor çorbasy
6 pomidor
10 ml / 2 nahar soya sousy
15–30 ml / 1-2 nahar çemçesi ýumşak köri tozy
15 ml / 1 nahar çemçesi pomidor püresi (pasta)

1 sygyr çorbasy kub

75ml / 5 nahar çemçesi mango çeýnesi

Hyzmat etmek üçin gaýnadylan tüwi ýa-da kartoşka püresi

Sygyr etini, çörek böleklerini, sarymsagy we ýumurtgany garmaly. 16 topa şekillendiriň we diametri 25 sm bolan çuň tabagyň gyrasyna ýerleşdiriň. Galan maddalary garyşdyryň we köfte guýuň. Bugyň gaçmagy üçin ýapyşýan film (plastmassa örtük) bilen ýapyň we iki gezek kesiň. Gazany dört gezek öwrüp, 18 minut doly bişirmeli. 5 minut goýuň. Çorbalary sous bilen açyň we ýuwuň. Açylmadyk ýerde goýuň we ýene 1½2 minut gyzdyryň. Gaýnadylan tüwi ýa-da kartoşka püresi bilen hyzmat ediň.

Italýan köfte

4 göterýärsiňiz

15 ml / 2 nahar çemçesi zeýtun ýagy

1 sogan, grated

2 sany sogan sarymsak, inçe kesilen

450 g / 1 lb / 4 stakan sygyr eti (ýer).

75 ml / 5 nahar çemçesi täze ak çörek bölekleri

1 ýumurtga, ýenjildi

10 ml / 2 nahar duz

400 g / 14 oz / 1¾ käse passata (süzülen pomidor)

10 ml / 2 nahar ýumşak goýy goňur şeker

5 ml / 1 nahar guradylan reyhan ýa-da oregano

Oilagy diametri 20 sm / 8 bolan çuň tabaga guýuň. Sogan we sarymsak goşuň. Doly otda 4 minut bişirmeli. Eti çörek bölekleri, ýumurtga we duzuň ýarysy bilen birleşdiriň. 12 sany ownuk topy emele getiriň. Gazana goşuň we bişirilen wagtyň dowamynda köfteleri ýarym öwrüp, Doly üstünde 5 minut bişirmeli. Passata, şeker, oregano we galan duzy garyşdyranyňyzda dur. Çorbalaryň üstüne döküň. Bugyň gaçmagy üçin ýapyşýan film (plastmassa örtük) bilen ýapyň we iki gezek kesiň. Gazany üç gezek öwrüp, 10 minut gaýnadyň. Hyzmat etmezden 3 minut dursun.

Paprika bilen çalt köfte

Hyzmatlar 4–6

Hakyky gyssanýan bolsaňyz, yzygiderli gaýnadylan kartoşka ýa-da mikrotolkun çipleri (gowurma) bilen gowy!

450 g / 1 lb / 4 stakan sygyr eti (ýer).

50 g / 2 oz / 1 stakan täze ak çörek döwükleri

1 sogan sarymsak, ezilen

1 sany uly ýumurtga

300 ml / ½ pt / 1¼ stakan passata (süzülen pomidor)

300 ml / ½ pt / 1¼ stakan gaýnag suw

30 ml / 2 nahar çemçesi guradylan gyzyl we ýaşyl (ýagly) burç çemçe

10 ml / 2 nahar paprika

5 ml / 1 nahar kimyon tohumy (islege görä)

10 ml / 2 nahar ýumşak goýy goňur şeker

5 ml / 1 nahar duz

150 ml / 5 oz / 2/3 stakan gaýmak (süýt).

Et, çörek bölekleri, sarymsak we ýumurtga garmaly. 12 topy emele getiriň. Diametri 20 sm / 8 bolan çuň tabagyň gyrasyny tertipläň. Passatany suw bilen garmaly. Eger ulanýan bolsaňyz, burç çorbasy, paprika, kimyon tohumy we şeker goşuň. Çorbalaryň üstünde goýuň. Bugyň gaçmagy üçin ýapyşýan film (plastmassa örtük) bilen ýapyň we iki gezek kesiň. Gazany üç gezek öwrüp, 15 minut gaýnadyň. 5 minut dursun, duz we krem bilen garmaly. 2 minutlap gyzdyryň.

Otlar bilen biftek

Geýts 8

900 g / 2 lb / 8 stakan ýer sygyr eti (ýer).

2 sany uly ýumurtga

1 sygyr çorbasy kub

1 ownuk sogan, inçe grated

60 ml / 4 nahar çemçesi ýönekeý (ähli maksatly) un.

45 ml / 3 nahar çemçesi pomidor ketçup (pişik)

10 ml / 2 nahar gury ösümlik garyndysy

10 ml / 2 nahar soya sousy

Bezeg üçin nan ýapraklary we gabykly mämişi dilimleri

Soya sousundan başga ähli maddalary gowy garmaly. ¼agly 1¼ kwartal / 2 kwartal / 5 stakan gönüburçly çörek panasyna ýaýlaň. Soya sousy bilen ýokarsyny ýuwuň. Bugyň gaçmagy üçin ýapyşýan film (plastmassa örtük) bilen ýapyň we iki gezek kesiň. 10 minut doly gaýnadyň, soňra mikrotolkun 5 minut gaýnadyň. Tabagy dört gezek öwrüp, ýene 12 minut eremeli. 5 minut goýuň, soňra souslar we agyrlyklar üçin ulanyp boljak artykmaç ýaglary we şireleri açyň we seresaplylyk bilen çykaryň. Sowuklamaga rugsat beriň, soňra seresaplylyk bilen tabaga geçiriň we nan ýapraklary we mämişi dilimleri bilen bezeliň. Dilimlerde berilýär.

Kokos bilen Maláýziýa görnüşindäki nohut biftek

4 göterýärsiňiz

2 sogan, inçe kesilen
1 sogan sarymsak, ezilen
450 g / 1 l / 4 stakan artykmaç sygyr eti
125 g / 4 oz / ½ käse gysylan nohut ýagy
45ml / 3 nahar çemçesi kokos (grated).
2,5 ml / as çaý çemçesi gyzgyn burç sousy
15 ml / 1 nahar çemçesi soýa sousy
2,5 ml / as çaý çemçesi duz
300 ml / ½ pt / 1¼ stakan gaýnag suw
175 g / 6 oz / 1½ stakan tüwi, bişirilen
Garnitur üçin gündogar duzlary (islege görä)

Sogan, sarymsak we sygyr etini 1,5 kwartal / 2½ kwartal / 6 stakan güjükli tabaga (Gollandiýaly peç) goýuň. Biftekiň gowy döwülendigine göz ýetirip, vilka bilen gowy garmaly. Bugyň gaçmagy üçin ýapyşýan film (plastmassa örtük) bilen ýapyň we iki gezek kesiň. Tagtany iki gezek öwrüp, 8 minut doly bişirmeli. Tüwiden başga ähli maddalary açyň we garmaly. Öňküsi ýaly ýapyň we panany üç gezek öwrüp, ýene 8 minut bişirmeli. 3 minut dursun. Açyň we zyňyň, isleseňiz bişirilen tüwi we gündogar duzlary bilen hyzmat ediň.

Çalt biftek we maýo çöregi

Geýts 6

Agşamlyk nahary üçin ajaýyp esasy kurs, şeýle çalt nahardan garaşyşyňyzdan has kaşaň.

750 g / 1½ lb / 6 stakan arassa sygyr eti (ýer).
15 ml / 1 nahar çemçesi guradylan gyzyl we ýaşyl (ýagly) burç çemçe
15 ml / 1 nahar çemçesi inçe dogralan petruşka
7,5 ml / 1½ çemçe sogan sogan
30 ml / 2 nahar çemçesi ýönekeý (ähli maksatly) un.
60 ml / 4 nahar çemçe galyň maýonez
7.5 ml / 1½ nahar çemçesi gorçisa tozy
5 ml / 1 nahar soýa sousy

20 sm / 8 diametri çuň galaýy gowy ýaglaň. Eti galan ähli maddalar bilen birleşdiriň we tabaga seresaplylyk bilen ýaýlaň. Bugyň gaçmagy

üçin ýapyşýan film (plastmassa örtük) bilen ýapyň we iki gezek kesiň. Gazany dört gezek öwrüp, 12 minut gaýnadyň. 5 minut goýuň, soňra çöregi iki spatula bilen jamdan çykaryň we ýagy galdyryň. Serviceyladylan hyzmat ediş tabagyna geçiriň we hyzmat etmek üçin alty kub kesiň.

Gyzyl çakyrda bişirilen biftek

4 göterýärsiňiz

Akylly we ajaýyp tagam, esasanam klassiki makaron peýniri ýa-da süýji kartoşka we belki-de gaplanan artokok ýürekleri azajyk ýagda gyzdyrylýar.

30 ml / 2 nahar çemçesi ýag ýa-da margarin

2 sany uly sogan, grated

1 sogan sarymsak, ezilen

125g / 4oz düwme kömelekleri, inçejik dilimlenen

Ownuk kublara bölünen 450g / 1lb sygyr eti (ýokarsy)

15 ml / 1 nahar çemçesi pomidor püresi (pasta)

15 ml / 1 nahar çemçesi dogralan petruşka

15 ml / 1 nahar çemçesi mekgejöwen uny (mekgejöwen krahmaly)

5 ml / 1 nahar çemçesi gaty gorçisa

300 ml / ½ pt / 1¼ stakan gury gyzyl çakyr

5 ml / 1 nahar duz

Butterag ýa-da margarini 20 sm diametrli tabaga (Gollandiýaly peç) goýuň. 1-1½ minut ereýän mahaly açylýar. Sogan, sarymsak we kömelekleri garmaly. Doly otda 5 minut bişirmeli. Biftek garyşdyryň, soňra garyndyny saçagyň gyrasyna süýşüriň we ortada azajyk boşluk goýuň. Bir tabak bilen örtüň we Doly 5 minut bişirmeli. Bu aralykda, pomidor püresi, petruşka, mekgejöwen we gorçisa garmaly.

Seresaplyk bilen gyzyl çakyrda garmaly, galanlaryny garmaly. Sygyr etiniň garyndysyna ýuwaşlyk bilen garmaly. Bir tabak bilen örtüň we doly otda 5 minut bişirmeli, iki gezek garmaly. 3 minut dursun. Duzy garmaly we hyzmat et.

Yalpak suwy

6–8 nahar

750 g süýjülik (baklajan)
1 limonyň şiresi
20 ml / 4 nahar çemçesi zeýtun ýagy
1-2 sarymsak, ezilen
250 ml / 8 fl oz / 1 stakan frais fraisinden ýa-da kwarkdan
15 ml / 1 nahar çemçesi dogralan nan ýapraklary
1,5 ml / ¼ çemçe gamyş şekeri (gaty gowy).
7.5-10 ml / 1½ - 2 nahar çemçesi duz

Gämi duralgalaryny ýokarsyna guýuň we ýarym uzynlykda kesiň. Olary uly tabakda kesip, aşhana kagyzy bilen ýapyň. 8-9 minut ýa-da ýumşaýança gowy bişirmeli. Etden derini göni iýmit prosessoryna çykaryň we galan maddalary goşuň. Smoothumşak we kremli bolýança işlediň. Hyzmat etmezden ozal gaplaň, gaplaň we azajyk sowadyň.

Bägül, pomidor we otlaryň garyndysy bilen batyrylýar

6–8 nahar

750 g süýjülik (baklajan)
5 ml / 1 nahar çemçesi dogralan nan ýapraklary
75 ml / 3 nahar dogralan koriander ýapragy
5 ml / 1 nahar dogralan petruşka
3 pomidor, gabykly, gabykly, tohumly we inçe kesilen

Gämi duralgalaryny ýokarsyna guýuň we ýarym uzynlykda kesiň. Olary uly tabakda kesip, aşhana kagyzy bilen ýapyň. 8-9 minut ýa-da ýumşaýança gowy bişirmeli. Eti göni iýmit prosessoryna atyň we pomidordan başga galan maddalary goşuň. Smoothumşak we kremli bolýança işlediň. Pomidorlary garmaly, soňra tabaga guýuň, gaplamazdan ozal biraz sowadyň.

Easternakyn Gündogar baklajan Tahini Dip

6–8 nahar

750 g süýjülik (baklajan)
45 ml / 3 nahar çemçesi tahini (künji pastasy)
1 ownuk limonyň şiresi
1 sarymsak, inçejik dilimlenen
25ml / 1½ nahar çemçesi zeýtun ýagy
1 ownuk sogan, dilimlenen
60 ml / 4 nahar çemçesi dogralan dogralan koriander ýapraklary
5 ml / 1 nahar gamyş şekeri (gaty gowy).
5-10 ml / 1-2 nahar çemçesi duz

Gämi duralgalaryny ýokarsyna guýuň we ýarym uzynlykda kesiň. Olary uly tabakda kesip, aşhana kagyzy bilen ýapyň. 8-9 minut ýa-da ýumşaýança gowy bişirmeli. Eti göni iýmit prosessorynda deriden çykaryň. Galan maddalary we tagamyny duz goşuň. Smoothumşak we kremli bolýança işlediň. Hyzmat edýän tabaga ýerleşdiriň we otag temperaturasynda hyzmat ediň.

Türk badamjany

6–8 nahar

750 g süýjülik (baklajan)
30 ml / 2 nahar çemçesi zeýtun ýagy
1 uly limonyň suwy
2,5–5 ml / ½ - 1 nahar çemçesi duz
2,5 ml / ½ çemçe gamyş şekeri (gaty gowy).
Bezeg üçin gara zeýtun, gyzyl burç zolaklary (ýag) we pomidor dilimleri

Gämi duralgalaryny ýokarsyna guýuň we ýarym uzynlykda kesiň. Olary uly tabakda kesip, aşhana kagyzy bilen ýapyň. 8-9 minut ýa-da ýumşaýança gowy bişirmeli. Etden derini göni iýmit prosessoryna çykaryň we galan maddalary goşuň. Smootharym süýümli pürese amal. Hyzmat edýän tabaga goýuň we zeýtun, gyzyl burç we pomidor dilimleri bilen bezeliň.

Gresiýanyň baklajan batyrylmagy

6–8 nahar

750 g süýjülik (baklajan)
1 ownuk sogan, gaty dogramaly
2 sany sarymsak, inçejik dilimlenen
5 ml / 1 nahar malt sirkesi
5 ml / 1 çaý çemçesi limon suwy
150 ml / ¼ pt / 2/3 stakan ýeňil zeýtun ýagy
2 sany uly pomidor, garylan, tohumly we takmynan dogralan
Bezeg üçin petruşka, ýaşyl ýa-da gyzyl burç (ýag) we ownuk gara zeýtun halkalary

Gämi duralgalaryny ýokarsyna guýuň we ýarym uzynlykda kesiň. Olary uly tabakda kesip, aşhana kagyzy bilen ýapyň. 8-9 minut ýa-da ýumşaýança gowy bişirmeli. Iýmit prosessorynda eti deriden çykaryň we sogan, sarymsak, sirke, limon suwy we ýag goşuň. Gowy pürese amal. Uly tabaga salyň we pomidorlary garmaly. Hyzmat edýän tabaga salyň we petruşka, burç halkalary we zeýtun bilen bezeliň.

Bagna Cauda

Hyzmatlar 4–6

Örän ajaýyp we özboluşly italýan ansi wannasy, bir gezek nahar saçagynyň üstündäki likýor peçiniň üstünde ýyly saklanmalydyr. Dunkler adatça çig ýa-da bişirilen gök önümlerdir. Diňe açyk altyn goşmaça gyzyl zeýtun ýagyny ulanyň, ýumşak we näzik, ýogsam tagam gaty güýçli bolup biler.

30 ml / 2 nahar çemçesi zeýtun ýagy
25g / 1oz / 2 nahar çemçesi duzlanmadyk ýag (süýji).
1 sogan sarymsak, ezilen
50 g / 2 oz / 1 ýagda ansi filetlerinden kiçijik gap
60 ml / 4 nahar çemçesi ince dogralan petruşka
15 ml / 1 nahar çemçesi ince dogralan reyhan ýapraklary

Oilag, ýag we sarymsagy metal däl ýangyn gaba salyň. Gazandan ýag, ansi, petruşka we reyhan bilen goşuň. Ançony inçejik edip kesip, tabaga goşuň. Tabagy bölekleýin bir tabak bilen ýapyň we sousy gyzdyrýança gabyň üstünde 3-4 minut bişirmeli. Gyzgyn peje geçiriň we nahar iýýän wagtyňyz ýyly boluň.

Baglajan güle

4 göterýärsiňiz

Demirgazyk Amerikanyň bu bugly böleginden meniň bilen gaýdyp gelen Luiziana resepti.

Jemi 550g / 1¼lb 2 sany süýjülik (baklajan)
1 sapak sogan, inçe kesilen
1 uly sogan, inçe kesilen
½ ýaşyl burç (ýag), tohumly we inçe kesilen
30 ml / 2 nahar çemçesi günebakar ýa-da mekgejöwen ýagy
3 pomidor, gabykly we dogralan
75 g / 3 oz / 1½ stakan täze ak çörek döwükleri
Duz we täze ýer gara burç
50 g / 2 oz / ½ stakan kedr peýniri, grated

Sharpiti pyçak ulanyp, her gabygyň derisini töweregine deşiň. Bir tabakda goýuň, aşhana kagyzy bilen ýapyň we 6 gezek doly bişiriň, bir gezek öwrüň. Tenderumşak duýmaly, ýöne ýok bolsa, 1-2 minut bişirmegi dowam etdiriň. Her birini bal boýunça iki esse bölüň, soňra eti blenderde ýa-da iýmit prosessorynda goýuň we derini taşlaň. Pýure üçin amal. Selderey, sogan, ýaşyl burç we ýagy 2 kwartal / 3½ pt / 8½ käse gazana (Gollandiýaly ojak) goýuň, tabak bilen ýapyň we doly otda 3 minut bişirmeli. Düwürtik püresi, pomidor, çörek bölekleri we duz we burç bilen garmaly we ýene 3 minut doly bişirmeli. Açyň, peýnir sepiň we gyzdyryň, açylmadyk, 2 minutlap doly. Hyzmat etmezden ozal 2 minut dursun.

Duzly kokteýl kömelekleri

Geýts 8

60 ml / 4 nahar çemçesi gyzyl çakyr sirkesi
60 ml / 4 nahar çemçesi günebakar ýa-da mekgejöwen ýagy
1 sogan, gaty inçe dilimlenen
5 ml / 1 nahar duz
15 ml / 1 nahar çemçesi dogralan koriander ýapraklary
5 ml / 1 nahar ýumşak gorçisa
15 ml / 1 nahar çemçesi ýumşak goňur şeker
5 ml / 1 nahar Worcestershire sousy
kaýen burç
350g / 12oz düwme kömelekleri

Sirke, ýag, sogan, duz, silantro, gorçisa, şeker we Worcestershire sousyny 2 kwartal / 3½ pt / 8½ stakan güjükli tabaga (Gollandiýa peçine) kaýen burç sepiň. Bir tabak bilen örtüň we 6 minut ýokary otda gyzdyryň. Kömelekleri garmaly. Sowadylandan soň, 12 sagat töweregi ýapyň we sowadyň. Suw guýuň we kremli suwa batyryň.

Peçde ýumurtga we sosna hozy bilen doldurylan baklajan

Hyzmatlar 2

Jemi 550g / 1¼lb 2 sany süýjülik (baklajan)
10 ml / 2 nahar limon suwy
75 g / 3 oz / 1½ stakan täze ak ýa-da goñur çörek döwükleri
45 ml / 3 nahar çemçesi tostlanan sosna hozy
7,5 ml / 1½ nahar duz
1 sogan sarymsak, ezilen
3 gaty gaýnadylan ýumurtga (gaty gaýnadylan), dogralan
60 ml / 4 nahar çemçesi süýt
5 ml / 1 çaý çemçesi gury ösümlik garyndysy
20 ml / 4 nahar çemçesi zeýtun ýagy

Sharpiti pyçak ulanyp, her gabygyň derisini töweregine deşiň. Bir tabakda goýuň, aşhana kagyzy bilen ýapyň we 6 gezek doly bişiriň, bir gezek öwrüň. Tenderumşak duýmaly, ýöne ýok bolsa, 1-2 minut bişirmegi dowam etdiriň. Hasabyň her tarapyny iki esse bölüň, soňra eti blenderde ýa-da iýmit prosessorynda goýuň, derini üýtgemez. Limon suwuny goşuň we tekiz bolýança gaýtadan işlediň. Bir tabaga çalyň we ýagdan başga ähli maddalary garmaly. Düwürtikleri derilerine salyň, soňra dar uçlary merkeze tarap tabakda goýuň. Theagy ýokarsyna döküň, aşhana kagyzy bilen ýapyň we 4 minutlap doly gyzdyryň. Gyzgyn ýa-da sowuk iýiň.

Grek kömelegi

4 göterýärsiňiz

1 buket garni konweri
1 sogan sarymsak, ezilen
2 aýlaw ýapragy
60 ml / 4 nahar çemçesi suw
30 ml / 2 nahar çemçesi limon suwy
15 ml / 1 nahar çemçesi çakyr sirkesi
15 ml / 1 nahar çemçesi zeýtun ýagy
5 ml / 1 nahar duz
450g / 1lb düwme kömelekleri
30 ml / 2 nahar çemçesi dogralan petruşka

Kömelekden we petruşkadan başga ähli maddalary uly gaba goýuň. Bir tabak bilen ýapyň we 4 minut gyzdyryň. Kömelek goşuň, öňküsi ýaly ýapyň we ýene 3½ minut bişirmeli. Birnäçe sagat sowadyň, gaplaň we sowadyň. Garniturany aýyryň we kömelekleri çemçe bilen dört tabaga çykaryň, hersine petruşka sepiň we hyzmat ediň.

Artichoke winaigrette

4 göterýärsiňiz

450g / 1lb Iýerusalim artokoky
Winaigrette geýinmek, öýde ýasalan ýa-da satyn alnan
10 ml / 2 nahar dogralan petruşka
5 ml / 1 nahar çemçesi dogralan tarragon

Artokoky we azajyk suwy bir tabaga salyň we tabak bilen ýapyň. Gazany iki gezek öwrüp, 10 minut doly bişirmeli. Gowy guradyň we galyň dilimlere kesiň. Winaigrette geýinmek bilen örtüň. Dört tabagyň arasynda bölüň we petruşka we tarragon sepiň.

Sezar Salady

4 göterýärsiňiz

Sezar Kardini tarapyndan 20-nji ýyllarda döredilen ajaýyp salat, adaty bolmadyk balykly ýumurtgalary öz içine alýar. Bu ajaýyp ýönekeý işdäaçar, ýöne klassiki ajaýyp.

1 sebet salat (romaine), sowadyldy

1 sogan sarymsak, ezilen

60 ml / 4 nahar çemçesi goşmaça bakja zeýtun ýagy

Duz we täze ýer gara burç

2 sany uly ýumurtga

5 ml / 1 nahar Worcestershire sousy

2 limonyň şiresi, süzme

90 ml / 6 nahar çemçesi täze grated parmesan

50 g / 2 oz / 1 stakan sarymsak gabygy

Salady 5 sm / 2 bölege bölüň we tagamy üçin sarymsak, ýag we ysly zatlar bilen salat gabyna salyň. Seresaplyk bilen zyňyň. Eggsumurtgalary awlamak üçin, bir tabak galla ýapgysy (plastmassa örtük) bilen çyzyp, ýumurtgalary döwüň. Aýazda 1½ minut bişirmeli. Salat gabyna galan ähli maddalar bilen goýuň we gowy birleşýänçä gaýtadan garmaly. Tabaklarda tertipläň we derrew hyzmat ediň.

Eggsumurtga we ýag bilen Çikory Hollandaise

4 göterýärsiňiz

8 sany kelleli (Belgiýa endive)
30 ml / 2 nahar çemçesi limon suwy
75 ml / 5 nahar çemçesi gaýnag suw
5 ml / 1 nahar duz
75 g / 3 oz / 1/3 käse ýag, otag temperaturasynda we gaty ýumşak
4 gaty gaýnadylan ýumurtga (gaty gaýnadylan), dogralan

Çikory kesiň we ajy tagamdan gaça durmak üçin hersiniň düýbünden konus şekilli bölegi kesiň. Çikorini 20 sm diametri bolan tabaga bir gatlakda goýuň we limon suwy we suw goşuň. Duz sepiň. Bugyň gaçmagy üçin ýapyşýan film (plastmassa örtük) bilen ýapyň we iki gezek kesiň. 15 minut doly gaýnadyň. 3 minut oturyň, soňam guradyň. Çikor bişirilende, ýagy ýeňil we kremli bolýança çalyň. Eggsumurtgalary garmaly. Çikory dört sany ýyly tabakda we üstünde ýumurtga garyndysy bilen tertipläň. Derrew iýiň.

Eggsumurtga bilen maýonez

1-nji bölüm

Fransiýada adaty işdäaçarlaryň biri, ýumurtgaly maýonez işdäaçar we tagamyna görä dürli bolup biler.

Parçalanan salat ýapraklary
1-2 gaty gaýnadylan (gaty gaýnadylan) ýumurtga, ýarym bölege bölünýär
Maýonez ýa-da dükanda satyn alnan maýonez ulanyň
Oilagda 4 sany konserwirlenen ansiýa
1 pomidor, dilimlenen

Salady bir tabaga ýerleşdiriň. Eggumurtga bilen ýokarsy, tarapyny kesiň. Maýonez bilen galyň ýaýradyň we ansi we pomidor dilimleri bilen dadyp görüň.

Skordalýa maýonezli ýumurtga

4 göterýärsiňiz

Eggsumurtgalaryň doly tagamyny we gurluşyny dolduryan çörek bölekleri bilen çylşyrymly sarymsak maýo sousynyň ýönekeýleşdirilen görnüşi.

150 ml / ¼ pt / 2/3 stakan maýonez

1 sogan sarymsak, ezilen

10 ml / 2 nahar çemçe täze ak çörek bölekleri

15 ml / 1 nahar çemçesi ýer badamy

10 ml / 2 nahar limon suwy

10 ml / 2 nahar dogralan petruşka

Parçalanan salat ýapraklary

2 ýa-da 4 gaty gaýnadylan (gaty gaýnadylan) ýumurtga, iki bölege bölünýär

1 gyzyl sogan, gaty inçe dilimlenen

Garnitur üçin kiçi grek gara zeýtun

Maýonez, sarymsak, çörek bölekleri, badam, limon suwy we petruşkany garmaly. Salady bir tabaga goýuň, üstünde ýumurtganyň ýarysy bar. Maýonez garyndysy bilen geýiň, soňra sogan sogan we zeýtun bilen bezeliň.

Skotç Wudkok

4 göterýärsiňiz

Ol şäherdäki jenap klublarynyň köne ligasyna degişlidir we gyzgyn hyzmat edilip, iň kaşaň kanapeslerin biri bolmagynda galýar.

4 dilim çörek

Sarymsak

Jentelmeniň "Relish" ýa-da ansi pastasy

2 mukdarda goşmaça kremli omlet

Bezeg üçin ýagda bir-iki sany konserwirlenen ansi

Çörek tostlanýar we soňra ýag bilen ýaýradylýar. Jentelmeniň "Relish" ýa-da ansi pastasy bilen inçejik ýaýlaň, her dilimini kwartallara bölüň we ýyly saklaň. Goşmaça kremli dogramaly ýumurtga ýasap, tost otaglarynyň üstüne guýuň. Ansi filetleri bilen bezeliň.

Şwesiýanyň maýonezli ýumurtgalary

4 göterýärsiňiz

Parçalanan salat ýapraklary
1-2 gaty gaýnadylan (gaty gaýnadylan) ýumurtga, ýarym bölege bölünýär
25 ml / 1½ nahar çemçesi alma (alma)
Şeker guýuň.
150 ml / ¼ pt / 2/3 stakan maýonez sousy ýa-da dükanda satyn alnan maýonez ulanyň
5 ml / 1 çaý çemçesi atly sous
5-10ml / 1-2 nahar çemçe gara ýa-da mämişi ýasama ikra
Gyzyl deri bilen inçejik dilimlenen 1 stol alma (desert)

Salady bir tabaga ýerleşdiriň. Eggumurtga bilen ýokarsy, tarapyny kesiň. Almany buzly şeker bilen ýeňil süýjediň, soňra atsyz maýonez bilen garmaly. Mixtureumurtgalary bu garyndy bilen ýapyň, soňra simulirlenen köke we alma dilimleri bilen bezäň.

Türk noýbasy salady

Geýts 6

Muňa Türkiýede fensya plaki diýilýär we aslynda konserwirlenen (deňiz) noýba we Ortaýer deňziniň gök önümleriniň bir bölegi. Bu tygşytly işdäaçar we gapdalyndan gaty çörek soraýar.

75 ml / 5 nahar çemçesi zeýtun ýagy
2 sany sogan, inçejik grated
2 sany sogan sarymsak, inçe kesilen
1 sany uly bişen pomidor, garylan, gabykly, tohumly we dogralan
1 ýaşyl jaň burç (ýag), tohumly we gaty inçe kesilen
10 ml / 2 çemçe gamyş şekeri (gaty gowy).
75 ml / 5 nahar çemçesi suw
2,5–5 ml / ½ - 1 nahar çemçesi duz
30 ml / 2 nahar çemçesi dogralan ukrop (ukrop oty)
400g / 14oz / 1 uly böwrek noýbasy bolup biler

Oilagy, sogan we sarymsagy 1,75 litr / 3 pt / 7½ käse gazana goýuň we iki gezek garyşdyryp, 5 minut ýokary ýerde bişirmeli. Pomidor, ýaşyl burç, şeker, suw we duz garmaly. Üçden iki bölegini tabak bilen ýapyň we iki gezek garyşdyryp, 7 minutlap doly bişirmeli. Doly sowamaga, ýapmaga we birnäçe sagatlap sowatmaga rugsat beriň. Şüweleň we noýba garmaly. Againene ýapyň we ýene bir sagat sowadyň.

Eggsumurtga bilen noýba salady

Geýts 6

Türk noýbasy salatyna taýynlaň, ýöne her bölegini gaty gaýnadylan (gaty gaýnadylan) ýumurtga dilimleri bilen bezäň.

Küýzelerde maslahat

Geýts 6

275g / 10oz kipper filetleri
75 g / 3 oz / 1/3 stakan krem peýniri
½ limonyň şiresi
2.5ml / ½ tsp iňlis ýa-da kontinental gorçisa taýýarlady
1 ýorunja sarymsak, inçe dilimlenen (islege görä)
Hyzmat etmek üçin ýyly tost ýa-da biskwit (biskwit)

Mikrotolkun uçlary. Derini we süňkleri aýyryň we eti aýryň. Galan maddalar bilen iýmit prosessoryna geçiriň we garyndy pasta emele gelýänçä gaýtadan işlediň. Ownuk tabakda goýuň we ýokarsyny tekizläň. Berk bolýança ýapyň we sowadyň. Olary gyzgyn tostlanan çörekde ýa-da duzly krakerlerde hödürleýärler.

Küýzeler

4 göterýärsiňiz

Anotherene bir adaty Iňlis galkynyş resepti. Täze ýasalan inçejik ak tost bilen hyzmat ediň.

175 g / 6 oz / ¾ käse duzlanmadyk ýag (süýji).

225 g / 8 oz / 2 stakan ownuk gysga

Hemme zatdan bir çümmük

ak burç

Tost, hyzmat etmek

Butteragy bir tabaga salyň we tabak bilen ýapyň. Mikrotolkun ereýänçä takmynan 2-3 minut dowam edýär. Butteraguň üçden iki bölegini çemçe bilen, möwsümi bolsa sogan we burç bilen birleşdiriň. Dört sany küýze ýa-da ramekin guýuň. Butteraguň galan bölegi bilen deň derejede ýapyň. Butterag gaty bolýança sowadyň. Tabaklara öwüriň we tost bilen iýiň.

Peç bilen doldurylan awakado ýumurtga

4 göterýärsiňiz

Ventetmişinji ýyllardan başlap, ýeňil nahar ýa-da ýürekden başlamak üçin saýlanan resept.

2 sapak sogan, inçe kesilen

60 ml / 4 nahar çemçesi täze ak çörek bölekleri

2,5 ml / ½ çemçe inçe grated limon görnüşi

5 ml / 1 çaý çemçesi sogan duzy

2,5 ml / ½ çemçe paprika

45 ml / 3 nahar çemçesi ýekeje krem (ýagtylyk).

Täze ýer gara burç

2 sany orta awokado, diňe bişdi

2 sany gaty gaýnadylan ýumurtga (gaty gaýnadylan), dogralan

20 ml / 4 nahar çemçesi tostlanan çörek bölekleri

20 ml / 4 nahar eredilen ýag

Selderey, ak çörek bölekleri, limon zesti, sogan sogan, paprika we krem birleşdiriň we tagamyna burç goşuň. Awokadony iki esse edip, çukurlary aýyryň. Doldurmak we takmynan püresi üçin ýer tapmak üçin etden azajyk çykaryň. Eti ýumurtga çöreginiň garyndysyna goşuň. Gowy garmaly we awokado derilerini goşuň. Ujuny merkeze tarap tabakda goýuň. Bişen çörek böleklerini sepiň, üstüne ýag guýuň. Aşhana kagyzy bilen ýapyň we 4-5 minut gyzdyryň. Derrew iýiň.

Awokado pomidor we peýnir bilen dolduryldy

2-i esasy nahar, 4-si başlangyç hökmünde hyzmat edýär

Wegetarianlar we beýle pikir edýänler üçin ajaýyp garyndy.

2 sany bişen awokado
½ hek şiresi
50 g / 2 oz / 1 stakan ýumşak goňur çörek bölekleri
1 ownuk sogan, ınçe grated
2 pomidor, gabykly, gabykly we dogralan
Duz we täze ýer gara burç
50 g / 2 oz / ½ käse gaty peýnir, grated
Paprika
8 gowrulan hoz

Awakadony iki bölege bölüň we pulpany göni bir tabaga aýyryň. Limon suwuny goşup, vilka bilen gowy garmaly. Tagamyna duz we burç bilen çörek bölekleri, sogan we pomidor goşuň. Awokado derilerini goşuň we peýnir we paprika sepiň. Her ýarysyny iki sany hoz bilen ýokarsy. Uly tarapa merkeze tarap gönükdirilen uly tabakda tertipläň. Aşhana kagyzy bilen ep-esli ýapyň we Doly 5-5½ minut bişirmeli. Derrew hyzmat et.

Skandinawiýa rulony we alma salady

4 göterýärsiňiz

75g / 3oz guradylan alma halkalary
150 ml / ¼ pt / 2/3 käse suw
Sogan bilen 3 rulon
Krem ýa-da goşa (agyr) 150 ml / ¼ pt / 2/3 stakan gamçy.
Hyzmat etmek üçin çişik çörek

Alma dilimlerini ýuwuň, böleklere bölüň, orta gaba goýuň we suw goşuň. Bir tabak bilen ýapyň we iň köp 5 minut gyzdyryň. 5 minut goýuň, soňra gowy suwlaň. Rulon haltalaryny togalap, diagonaly zolaklara bölüň. Alma we sogan goşup, krem bilen garmaly. Bir gije holodilnikde ýapyň we marinat ediň. Hyzmat etmezden ozal garmaly, soňra aýratyn tabaklara goýuň we gaty çörek bilen hyzmat ediň.

Köri sousy bilen mop we alma salatyny aýlaň

4 göterýärsiňiz

Skandinaw Rollmop we alma salady ýaly taýýarlaň, ýöne ýarysyny maýonez, ýarysyny krem fraîçe bilen çalşyň. Dadyp görmek üçin köri pastasy bilen möwsüm.

Geçiniň peýniri we ýyly köýnekli ýaprak salady

4 göterýärsiňiz

12 ownuk salat ýapragy
1 gap
20 raketa pyçagy
4 aýry geçi peýniri
90 ml / 6 nahar çemçesi üzüm tohumy ýagy
30 ml / 2 nahar çemçesi hoz ýagy
10 ml / 2 nahar mämişi gül suwy
10 ml / 2 nahar Dijon gorçisa
45 ml / 3 nahar çemçesi tüwi ýa-da sirke sirkesi
10 ml / 2 çemçe gamyş şekeri (gaty gowy).
5 ml / 1 nahar duz

Salat ýapraklaryny ýuwuň we guradyň. Suw howdanyny kesiň, ýuwuň we guradyň. Raketany ýuwuň we boşadyň. Bu üçüsini dört aýratyn tabakda owadan tertipläň we hersiniň ortasyna peýnir goýuň. Galan maddalary bir tabaga we otda, açylmadyk ýerde 3 minut goýuň. Birleşdirmäge garmaly, soňra her salatyň üstüne guýuň.

Jele pomidorly Sundaes

4 göterýärsiňiz

4 pomidor, gabykly, gabykly we dogralan

5 ml / 1 nahar inçejik dogralan täze zynjyr kökü

5 ml / 1 çemçe inçe grated hek gabygy

20 ml / 4 nahar çemçesi tozan jelatin

750 ml / 1¼ pc / 3 stakan towuk ätiýaçlygy

30 ml / 2 nahar çemçesi pomidor püresi (pasta)

5 ml / 1 nahar Worcestershire sousy

5 ml / 1 nahar gamyş şekeri (gaty gowy).

5 ml / 1 nahar selderi duzy

20 ml / 4 nahar çemçesi

Tohumlanan künji tohumy, sepmek üçin

Hyzmat etmek üçin peýnir biskwiti (biskwit)

Pomidorlary dört sany uly çakyr äýneginiň arasynda deň bölüň, soňra zynjyryň we limonyň üstüne sepiň. Jelatini 75 ml / 5 nahar çemçesi ätiýaçlyk bilen 1,5 litr / 2½ pt / 6 käse jamda goýuň we 5 minut ýumşadyň. Takmynan ereýän, açylmadyk, eredilen. 2 minut. Çorbanyň galan bölegini pomidor püresi, Worcestershire sousy, şeker we selderýa duzy bilen garmaly. Smoothumşak bolýança ýuwaşja çaýlaň, soň biraz galyňlaşyp başlaýança sowadyň. Pomidoryň üstüne döküň, soňra sowadyň. Peýnir krakerleri bilen hyzmat etmezden ozal hersine 5ml / 1tsp crème fraîche we künji tohumy sepmeli.

Doldurylan pomidor

4 göterýärsiňiz

Sagdyn, ýöne çylşyrymly, lezzetli başlangyç tostda ýag ýa-da sarymsak ýagy (soganly) tost bilen hyzmat edildi.

6 pomidor

1 sogan, grated

50 g / 2 oz / 1 stakan täze ak çörek döwükleri

5 ml / 1 nahar çemçesi taýýarlanan gorçisa

5 ml / 1 nahar duz

15 ml / 1 nahar çemçesi dogralan çaýlar ýa-da petruşka

50 g / 2 oz / ½ käse ownuk sowuk bişirilen et ýa-da guş, dogralan karides (karides) ýa-da grated peýnir

1 ownuk ýumurtga, ýenjildi

Pomidorlary iki bölege bölüň we gaty ýadrolary taşlap, merkezleri bir tabaga aýyryň. Derileri suwarmak üçin aşhana kagyzlaryna tersine goýuň. Galan ähli maddalary bir tabaga salyň we pomidor pulpasyny goşuň. Garyşmak üçin vilka bilen gowy garmaly, soňra pomidoryň ýarysyna guýuň. Iki halka, biri beýlekisiniň içinde, tabagyň gyrasynda tertipläň. Aşhana kagyzy bilen örtüň we tabagy üç gezek öwrüp, 7 minut doly bişirmeli. Warmyly hyzmat edilýär, her hyzmat üçin üç ýarym bolýar.

Italýan dolduryIan pomidor

4 göterýärsiňiz

6 pomidor

75 g / 3 oz / 1½ stakan täze goňur çörek bölekleri

175 g / 6 oz / 1½ stakan mozarella peýniri
2,5 ml / as çaý çemçesi guradylan oregano
2,5 ml / as çaý çemçesi duz
10 ml / 2 nahar dogralan reyhan ýapraklary
1 sogan sarymsak, ezilen
1 ownuk ýumurtga, ýenjildi

Pomidorlary iki bölege bölüň we gaty ýadrolary taşlap, merkezleri bir tabaga aýyryň. Derileri suwarmak üçin aşhana kagyzlaryna tersine goýuň. Galan ähli maddalary bir tabaga salyň we pomidor pulpasyny goşuň. Garyşmak üçin vilka bilen gowy garmaly, soňra pomidoryň ýarysyna guýuň. Iki halka, biri beýlekisiniň içinde, tabagyň gyrasynda tertipläň. Aşhana kagyzy bilen örtüň we tabagy üç gezek öwrüp, 7-8 minut doly bişirmeli. Gyzgyn ýa-da sowuk hyzmat edilse, her hyzmat üçin üç ýarym bolýar.

Pomidor we towuk salat kuboklary

4 göterýärsiňiz

/ 2 stakan towuk çorbasy üçin 450 ml / ¾
15 ml / 1 çemçe jelatin tozy
30 ml / 2 nahar çemçesi pomidor püresi (pasta)
1 ownuk sogan, inçe grated
5 ml / 1 nahar gamyş şekeri (gaty gowy).
Ownuk kublara bölünen 1 sany ýaşyl (ýagly) jaň burç
175 g / 6 oz / 1½ stakan sowuk bişirilen et, inçe kesilen
1 käşir, grated
2 sany konserwirlenen ananas halkasy (täze däl ýa-da jele goýulmaz)
2 gaty gaýnadylan ýumurtga (gaty gaýnadylan), grated

Çorbanyň ýarysyny 1,5 kwartal / 2½ kwartal / 6 käse jamda guýuň. Jelatini garmaly we 5 minut ýumşadyň. Tawda 2-2½ minut eremeli, açylmadyk. Birleşdirmek üçin gowy garyşdyryp, galan zatlary goşuň. Sowuk bolýança ýapyň we sowadyň, ýaňy galyňlaşyp başlaň, soňra ýumurtgadan başga galan maddalary goşuň. Dört aýna jamyň arasynda bölüň we kesgitlenýänçä sowadyň. Hyzmat etmezden ozal ýumurtga sepiň.

Gsumurtga we dogralan sogan

4-i işdäaçar, 6-sy bolsa aç-açan hyzmat edýär

Adaty matzos ýaly döwük krakerlerden iň gowy lezzet alýan ajaýyp ýewreý klassiki. Iň uly artykmaçlygy, ýumurtgalary mikrotolkunda bişirmek - bugly aşhana we ýuwmak üçin gap ýok. Bu ýerde ýag ýa-da beýleki margarin teklip edilýär, ýöne prawoslaw jemgyýeti diňe gök önüm margarini ulanar.

5 gaty gaýnadylan ýumurtga (gaty gaýnadylan), gabykly we inçe kesilen

40 g / 1½ oz / 3 nahar çemçesi ýag ýa-da margarin, ýumşadyldy

1 sogan, inçe grated

Duz we täze ýer gara burç

Bezeg üçin salat ýa-da petruşka ýapraklary

Dogralan ýumurtgalary ýag ýa-da margarin bilen garmaly. Sogan we tagam bilen garmaly. Dört tabakda tertipläň we hersini salat ýa-da petruşka bilen bezäň.

Quiche Lorraine

Hyzmatlar 4–6

Asyl fransuz tagamly görnüşi ýa-da dürli görnüşli "maşgala" bilen flan.

Konditer önümleri (makaron) üçin:

175 g / 6 oz / 1½ stakan ýönekeý (ähli maksatly) un.

1,5 ml / ¼ nahar çemçesi duz

100 g / 3½ oz / ownuk ½ käse ýagy margarin, ak gysgaltma ýa-da lard bilen garylan ýa-da ähli margarini ulanyň

1 ownuk ýumurtganyň sarysy

Doldurmak üçin:

6 dilim doňuz

3 ýumurtga

300ml / ½ tsp / 1¼ stakan süýt ýa-da ýekeje krem (ýeňil)

2,5 ml / ½ çemçe duz

Täze ýer gara burç

Grated hoz

Hamyr ýasamak üçin uny we duzy bir tabaga atyň. Garyndy ince çörek böleklerine meňzeýänçä, ýagda sürtüň, soňra sowuk suw bilen gaty hamyr bilen garmaly. Folga bilen sowadyň ½-¾ sagat. Ony ýumrulan ýüzüne öwüriň we birmeňzeş bolýança çalt we aňsat ýumuň. Inçe tegelege aýlaň we 20 sm / 8in diametrli aýna, farfor ýa-da keramiki tagam çyzyň. Edgeokarky gyrasyny ownuk kebeleklere çümdüriň, soňra vilka bilen basyň. Tagtany iki gezek öwrüp, doly görnüşde 6 minut bişirmeli. Hamyr ýerlerde çişirilen bolsa, peç bilen goralýan eliňiz bilen ýuwaş basyň. Eggumurtganyň sarysy bilen ýuwuň we deşikleri möhürlemek üçin 1 minut doly bişirmeli. Dolduryşy taýýarlanyňyzda goýuň.

Bekony aşhana kagyzy bilen örtülen tabaga goýuň, başga bir aşhana kagyzy bilen ýapyň we bir gezek öwrüp, 5 minutlap doly bişirmeli. Zeýreniň we azajyk sowadyň. Her çorbany üç bölege bölüň we konditer gabynyň aşagyna goýuň. Eggsumurtgalary süýt ýa-da krem bilen möwsüm we duz we burç bilen uruň. Seresaplyk bilen doňuzyň üstüne galyp, hoz sepiň. Tagtany dört gezek öwrüp, 10-12 minutlap ýa-da merkezde köpürjikler ýarylyp başlaýança doly bişiriň. Dilimlemezden 10 minut goýuň. Gyzgyn ýa-da sowuk iýiň.

Peýnir we pomidor

Hyzmatlar 4–6

Quiche Lorraine ýaly taýynlaň, ýöne doňuz etini üç derili we dilimlenen pomidor bilen çalşyň.

Çekilen losos bilen basyň

Hyzmatlar 4–6

Kuiç Lorena ýaly taýynlaň, ýöne doňuz etini 175g / 6oz dilimlenen kakadylan losos bilen çalşyň.

Krep gysga

Hyzmatlar 4–6

Kuiç Lorena ýaly taýynlaň, ýöne doňuz etini 175g / 6oz / 1½ stakan ownuk çorbalar bilen çalşyň.

Ysmanak

Hyzmatlar 4–6

Kuiç Lorena ýaly taýynlaň, ýöne flananyň düýbüni doňuz ýerine 175g bişirilen, guradylan ysmanak bilen ýapyň. (Ysmanak mümkin boldugyça gury bolmaly, ýogsam hamyr (makaron) ýumşak bolar.)

Ortaýer deňzi

Hyzmatlar 4–6

Quiche Lorraine ýaly taýynlaň, ýöne flan bazasyny 185g / 6½oz / 1 ownuk galaýy tuna flakasy we ýag, 12 sany gara zeýtun we doňuz ýerine 20ml / 4tbsp pomidor püresi (pasta) bilen ýapyň.

Asparagus quiche

Hyzmatlar 4–6

Kuiç Lorena ýaly taýynlaň, ýöne doňuz etini 350g / 12oz / 1 uly asparagus bilen çalşyň. Gowy suw guýuň, alty sany skewer ätiýaçlandyryň we galanlaryny kesiň. Gazanyň düýbüni ýapmak üçin ulanylýar. Goragly skewerler bilen bezeliň.

Zaýalanan hozlar

Hyzmatlar 4–6

225 g / 8 oz / 2 käse hozuň ýarysy
50 g / 2 oz / ¼ käse ýagy
10 ml / 2 nahar mekgejöwen ýagy
5 ml / 1 nahar gorçisa tozy
5 ml / 1 nahar paprika
5 ml / 1 nahar selderi duzy
5 ml / 1 çaý çemçesi sogan duzy
2,5 ml / as çaý çemçesi çili tozy
Duz

Hozuň ýarysyny tostlaň. Butterag bilen ýagy ýalpak, açylmadyk gazanda 1½ minut gyzdyryň. Hoz goşuň we ýag birleşýänçä ýag we ýag bilen ýuwaşlyk bilen garmaly. Açylmadyk ýerde goýuň we 3-4 minutlap doly bişiriň, ýygy-ýygydan öwrüp, goňur bolup başlaýandyklaryny ýakyndan synlaň. Aşhana kagyzyna suw guýuň. Plastiki haltaň içine gorçisa tozy, paprika, selderiniň duzy, sogan sogan, çilli tozy we tagamy bilen duz garmaly. Howa geçirijilikli gapda saklaň.

Braziliýa köri bilen hoz

Hyzmatlar 4–6

225 g / 8 oz / 2 käse brazil hozy, galyň dilimlenen
50 g / 2 oz / ¼ käse ýagy
10 ml / 2 nahar mekgejöwen ýagy
20 ml / 4 nahar ýumşak, orta ýa-da gyzgyn köri tozy
Duz

Braziliýa hozy. Butterag bilen ýagy ýalpak, açylmadyk gazanda 1½ minut gyzdyryň. Hoz goşuň we ýag birleşýänçä ýag we ýag bilen ýuwaşlyk bilen garmaly. Açylmadyk ýerde goýuň we 3-4 minutlap doly bişiriň, ýygy-ýygydan öwrüp, goňur bolup başlaýandyklaryny ýakyndan synlaň. Aşhana kagyzyna suw guýuň. Tagamy üçin köri we duzly plastik halta salyň. Howa geçirijilikli gapda saklaň.

Gök peýnir we pecan

Hyzmatlar 4–6

Quiche maşgalasyna çylşyrymly goşundy.

Konditer önümleri (makaron) üçin:

175 g / 6 oz / 1½ stakan ýönekeý (ähli maksatly) un.

1,5 ml / ¼ nahar çemçesi duz

100 g / 3½ oz / ownuk ½ käse ýagy margarin, ak gysgaltma ýa-da lard bilen garylan ýa-da ähli margarini ulanyň

45 ml / 3 nahar çemçesi inçe dogralan pecan

1 ownuk ýumurtganyň sarysy

Doldurmak üçin:

200 g / 7 oz / kiçi 1 stakan doly ýagly krem peýniri

30–45 ml / 2-3 nahar çemçesi dogralan çaýlar ýa-da bahar sogan

125g / 4oz / sahy 1 stakan gök peýnir, döwüldi

5 ml / 1 nahar paprika

3 ýumurtga

60ml / 4 nahar çemçesi krem ýa-da ýekeje krem (ýeňil).

Duz we täze ýer gara burç

Hamyr ýasamak üçin uny we duzy bir tabaga atyň. Garyndy inçe çörek böleklerine meňzeýänçä ýagda sürtüň, soňra dogralan hoz goşuň. Gaty hamyry sowuk suw bilen garmaly. Folga bilen sowadyň ½-¾ sagat. Ony ýumrulan ýüzüne öwüriň we birmeňzeş bolýança çalt we aňsat ýumuň. Inçe tegelege aýlaň we 20 sm / 8in diametrli aýna, farfor ýa-da keramiki tagam çyzyň. Edgeokarky gyrasyny ownuk kebeleklere çümdüriň, soňra vilka bilen basyň. Tagtany iki gezek öwrüp, doly görnüşde 6 minut bişirmeli. Hamyr ýerlerde çişirilen bolsa, peç bilen goralýan eliňiz bilen ýuwaş basyň. Eggumurtganyň sarysy bilen ýuwuň we deşikleri möhürlemek üçin 1 minut doly bişirmeli. Dolduryşy taýýarlanyňyzda goýuň.

Dolduryjy maddalary iýmit prosessoryna, duz we burç bilen möwsümde goýuň we tekiz bolýança garmaly. Flan görnüşinde ýeňil ýaýlaň (pirog gabygy). Tabagy üç gezek öwrüp, eremede 14 minut bişirmeli. 5 minut goýuň. Gyzgyn ýa-da sowuk iýiň.

Baý bagyr

8-10 nahar

Ajaýyp oturylyşyklarda ýa-da ýörite naharlarda gyzgyn tost bilen hyzmat edildi.

250g / 9oz / sahy 1 käse ýag
1 sogan sarymsak, ezilen
450g / 1lb towuk bagry
1,5 ml / ¼ nahar çemçesi grated hoz
Duz we täze ýer gara burç

175 g / 6 oz / ¾ käse ýagyny 1,75 litr / 3 pt / 7½ käse gazana goýuň we 2 minutlap ýokary ýerde eremeli. Sarymsagy garmaly. Towuk bagrynyň her bölegini pyçagyň ujy bilen deşiň we tabaga ýerleşdiriň. Butterag bilen gowy garmaly. Bir tabak bilen örtüň we iki gezek garyşdyryp, doly otda 8 minut bişirmeli. Tagamy üçin hozy we möwsümi gowy garmaly. Iki toparda

Gyzgyn we turşy gyrgyç çorbasy

Geýts 6

Hytaýdan ajaýyp goşant, aňsat lezzet.

1 litr / 1¾ pc / 4¼ käse guş eti
225 g / 7 oz / 1 ownuk, gaty kesilen kashtan çygly bolup biler
225g / 7oz / 1 kiçijik guty suwda kesilen bambuk baldaklary
Inçe dilimlenen 75g / 3oz kömelek
150g / 5oz tofu, ownuk kublara bölünýär
175 g / 6 oz / 1 ownuk, duzlanmadyk gyrgyç, duzlanmadyk we ýalpyldawuk
15 ml / 1 nahar çemçesi mekgejöwen
15 ml / 1 nahar çemçesi suw
30 ml / 2 nahar çemçesi malt sirkesi
15 ml / 1 nahar çemçesi soýa sousy
5 ml / 1 nahar künji ýagy
2,5 ml / as çaý çemçesi duz
1 sany uly ýumurtga

2 kwartal / 3½ kwartal / 8½ käse jamda aksiýa guýuň. Suw kashtanlary we bambuk baldaklarynyň gaplaryny goşuň. Kömelek we tofu we garynjanyň gapagyny goşuň. Aladalanmak. Tabagy ýapyşýan film (plastmassa örtük) bilen ýapyň we bugyň gaçmagy üçin iki gezek kesiň. 15 minut doly gaýnadyň. Bug ýanmazlygy üçin seresaplyk bilen açyň we birleşdirmek üçin gowy garmaly. Mekgejöwen suwuny we

sirke bilen ýuwaşlyk bilen garmaly, soňra galan maddalara garmaly. Çorbany ýuwaşlyk bilen garmaly. Öňküsi ýaly ýapyň we Doly 4 minut bişirmeli. Uly tabak ýa-da gapak bilen garmaly we ýapyň. 2 minut dursun. Farfor tabaklarynda gyzgyn hyzmat ediň.

Lighteňil gündogar çorbasy

3-4 nahar

400 ml / 16 fl oz / 1 uly çorba mulligatawny çorbasy bolup biler
400 ml / 16 fl oz / 1 uly kokos süýdüni alyp biler
Duz
Çili tozy
dogralan silantro (silantro)
Popadoms, hyzmat etmek

Çorba we kokos süýdüni 1,75 litr / 3 pt / 7½ käse tabaga guýuň. Tagamyna duz goşuň. Iki gezek garyşdyryp, 7-8 minutlap ýylylyk açylýar. Warmyly tabaklara guýuň, çilli poroşok we koriander sepiň we popadoms bilen hyzmat ediň.

Bagyr çorbasy

4 göterýärsiňiz

50 g / 2 oz / 1 stakan täze ak çörek döwükleri

50 g / 2 oz / ½ käse towuk bagyry, ownuk (ýer)

15 ml / 1 nahar çemçesi gaty inçe dogralan petruşka, üstesine-de garnir üçin goşmaça

5 ml / 1 nahar çemçe sogan

1,5 ml / ¼ çaý çemçesi marjoram

1,5 ml / ¼ nahar çemçesi duz

Täze ýer gara burç

½ ýumurtga, ýenjildi

750 ml / 1 ¼ bölek / 3 stakan arassa sygyr ýa-da towuk ätiýaçlygy ýa-da konserwirlenen suwuklandyrylan sarp

Çorbadan ýa-da konsomdan başga ähli maddalary garyşyk gaba goýuň. Gowy garyşdyryň we 12 sany ownuk köfte şekillendiriň. 1,5 kwartal / 2½-ct / 6 käse çuň gaba aksiýa ýa-da konsome guýuň we tabak bilen ýapyň. Gaýnýança gyzdyryň we takmynan 8-10 minut goýuň. Çorba goşuň. Çorbalar ýokarlanýança we çorbanyň ýokarsyna ýüzýänçä, 3-4 minutlap bişirmeli. Warmyly tabaklara atyň, goşmaça petruşka sepiň we derrew hyzmat ediň.

Käşir krem çorbasy

Geýts 6

30 ml / 2 nahar çemçesi mekgejöwen uny (mekgejöwen krahmaly)
550 g / 1¼ f / 1 uly käşir
/ 2 stakan sowuk süýt üçin 450ml / ¾
7.5-10 ml / 1½ - 2 nahar çemçesi duz
300 ml / ½ pt / 1¼ stakan ýyly suw
60 ml / 4 nahar çemçesi ýekeje krem (ýagtylyk).

Bugdaý dänesini 3 kwartal / 5¼ kwartal / 12 käse jamda goýuň. Käşir gabyndan suwuklyk bilen ýuwaşlyk bilen garmaly. Käşiri blenderde ýa-da iýmit prosessorynda arassalaň. Gazana süýt we duz bilen goýuň. Deňligi üpjün etmek üçin dört ýa-da bäş gezek ýuwaşlyk bilen garyşdyryp, galyň bolýança 12 minutlap açyň. Warmyly suw bilen garmaly. Warmyly tabaklara guýuň we her bölegine 10 ml / 2 nahar krem çalyň.

Sowuk käşir we süle çorbasy

Geýts 6

1 uly leňňe, kesip, gowy ýuwulýar
Içe dilimlenen 4 sany uly käşir
Ownuk kublara bölünen 3 sany ownuk orta kartoşka
150 ml / ¼ pt / 2/3 stakan ýyly suw
600 ml / 1 pc / 2½ stakan gök önüm çorbasy
300 ml / ½ pct / 1¼ stakan ýekeje krem (ýagtylyk).
Duz we täze ýer gara burç
Dogralan suw howdany

Düwürdigi gaty kesiň. Thehli gök önümleri 2 kwartal / 3½ pt / 8½ stakan gyzgyn suwda goýuň. Bugyň gaçmagy üçin ýapyşýan film (plastmassa örtük) bilen ýapyň we iki gezek kesiň. Gök önümler ýumşaýança 15 minut doly bişirmeli. Gazandan suwuklyk bilen blender ýa-da iýmit gaýtadan işleýjisine geçiriň we zerur bolsa biraz ätiýaçlyk goşuň. Uly gaba atyň we galan zatlary garyşdyryň. Gaplaň we sowadyň. Hyzmat etmezden ozal kremde we tagamda seresaplylyk bilen garmaly. Çorba käselerine guýuň we hersine suw çüýşesi sepiň.

Käşir we koriander çorbasy

Geýts 6

Käşir çorbasynyň kremine taýynlaň, ýöne käşir bilen bilelikde blenderde ýa-da iýmit gaýtadan işleýjisine bir topar täze silantro ýapragy goşuň. Krem islege görä goşup bolýar.

Mämişi çorba bilen käşir

Geýts 6

Käşirli käşir çorbasy ýaly taýýarlaň, ýöne nahar bişirilende ýarym çorbada 10 ml / 2 nahar çemçe grated apelsin gabygyny goşuň. Her birine azajyk Grand Marnier goşulan gamyşly krem bilen hyzmat ediň.

Kremli salat çorbasy

Geýts 6

75 g / 3 oz / 1/3 käse ýag ýa-da margarin

2 sogan, grated

Zolaklara kesilen 225g / 8oz ýumşak salat

600 ml / 1 pc / 2½ stakan krem süýdü

30 ml / 2 nahar çemçesi mekgejöwen uny (mekgejöwen krahmaly)

300 ml / ½ pt / 1¼ stakan ýyly suw ýa-da ösümlik çorbasy

2,5 ml / as çaý çemçesi duz

50 g / 2 oz / ¼ stakan ýagyny ýa-da margarini 1,75 litr / 3 pt / 7½ stakan gapda 2 minutlap erediň. Sogan we salady garmaly. Bir tabak bilen örtüň we Doly 3½ minut bişirmeli. Süýdüň üçden bir bölegi bilen blender guýuň. Gowy pürese amal. Gazana dolan. Mekgejöweniň galan 60 ml / 4 nahar çemçesi süýt bilen seresaplyk bilen garmaly. Çorbany galan süýt, suw ýa-da gyzgyn ätiýaçlyk we duz bilen goşuň. Softumşaklygy üpjün etmek üçin köplenç garyşdyryp, ýokary otda 15 minut bişirmeli. Her birine 5ml / 1tsp ýag goşup, ýyly tabaklarda hyzmat ediň.

Greenaşyl püre çorbasy

Hyzmatlar 4–6

1 tegelek ýaşyl salat
125g / 4oz suw howdany ýa-da çaga ysmanagy
1 leňňe, diňe ak bölegi, dilimlenen
300 ml / ½ pt / 1¼ stakan ýyly suw
60 ml / 4 nahar çemçesi mekgejöwen uny (mekgejöwen krahmaly)
300 ml / ½ pt / 1¼ stakan sowuk süýt
25 g / 1 oz / 2 nahar çemçesi ýag ýa-da margarin
Duz
Hyzmat etmek üçin Croûtons

Salat we suw howdany ýa-da ysmanak gowy ýuwuň we kesiň. 1,5 kwartal / 2½ kwartal / 6 käse çüýşe we suw bilen ýerleşdiriň. Bugyň gaçmagy üçin ýapyşýan film (plastmassa örtük) bilen ýapyň we iki gezek kesiň. Tabagy iki gezek öwrüp, 10 minut ýokary bişirmeli. 10 minut sowatmak üçin goýuň. Blendere geçiriň we tekiz bolýança işlediň. Gazana dolan. Mekgejöweniň süýdüni seresaplyk bilen garmaly. Tabaga ýag ýa-da margarin we tagam bilen duz goşuň. Üç gezek 8-10 minutlap ýa-da gyzdyrylýança we biraz galyň bolýança doly açyň. Warmyly çorba tabaklaryna guýuň we hersine sogan goşuň.

Wasabi bilen petruşka we petruşka çorbasy

Geýts 6

Wasabiden atyň inçe urmagy bilen, bu ajaýyp tagamly, gaty özboluşly çorba, diňe parsnipden süýjülik alýar.

30 ml / 2 nahar çemçesi mekgejöwen ýa-da günebakar ýagy
450 g parsnips, gabykly we dilimlenen
900 ml / 1½ pct / 3¾ stakan gök önüm ýa-da towuk çorbasy
10 ml / 2 çemçe Japaneseapon wasabi tozy
30 ml / 2 nahar çemçesi dogralan petruşka
150ml / ¼ tsp / 2/3 stakan ýekeje krem (ýagtylyk).

2 litr / 3½ pt / 8½ käse gazana ýag guýuň. Parsnips goşuň. Bugyň gaçmagy üçin ýapyşýan film (plastmassa örtük) bilen ýapyň we iki gezek kesiň. Gazany iki gezek öwrüp, 7 minut doly bişirmeli. Aksiýa we wasabi poroşok goşuň. Bir tabak bilen örtüň we Doly 6 minut bişirmeli. Biraz sowadyň we blenderde birmeňzeş bolýança arassalaň. Gazana dolan. Petruşkany garmaly. Öňküsi ýaly ýapyň we Doly 5 minut bişirmeli. Krem bilen garmaly we hyzmat et.

Süýji kartoşka çorbasy

Geýts 6

Parsnip we petruşka çorbasyny Wasabi bilen taýýarlaň, ýöne dogralan süýji kartoşkany mämişi eti bilen çalşyň.

Ösümlik krem çorbasy

Hyzmatlar 4–6

Örän peýdaly çorba - isleýän ýa-da bar bolan gök önümleriň birleşmesini ulanyň.

450g / 1lb garylan täze gök önümler

1 sogan, dogralan

25g / 1oz / 2 nahar çemçesi ýag ýa-da margarin ýa-da 30ml / 2 nahar çemçesi günebakar ýagy

175 ml / 6 fl oz / ¾ käse suw

/ 2 stakan süýt ýa-da garylan süýt we suw üçin 450 ml / ¾

15 ml / 1 nahar çemçesi mekgejöwen uny (mekgejöwen krahmaly)

2,5 ml / as çaý çemçesi duz

Dogralan petruşka

Gök önümleri görnüşi boýunça taýýarlaň we ownuk böleklere bölüň. 2 kwartal / 3½ pt / 8½ käse jamda sogan, ýag, margarin ýa-da ýag we 30 ml / 2 nahar çemçesi suw goýuň. Bir tabak bilen örtüň we dört gezek garmaly we 12-14 minut doly otda bişirmeli. Blenderde tekiz massa işlemek. Süýdüň ýa-da süýdüň we suwuň dörtden üç bölegi bilen tabaga gaýdyň. Mekgejöweniň galan suwuklygy bilen seresaplylyk bilen garmaly we tabaga duz goşuň. Dört gezek garyşdyryp, doly otda 6 minut bişirmeli. Çorbany tabaklara guýuň we hersine petruşka sepiň.

Greenaşyl nohut çorbasy

Hyzmatlar 4–6

Ösümlik çorbasynyň kremine taýynlaň, ýöne gök önüm we sogan sogan garyndysyny 450g / 1lb doňdurylan bag nohutlary bilen çalşyň. Petruşkanyň ýerine dogralan nan bilen ýeňil bezeliň.

Kädi çorbasy

Hyzmatlar 4–6

Gök önüm çorbasy ýaly taýynlaň, ýöne gök önümleri we sogan bilen 450g / 1lb çorba, ýilik, sogan, hoz ýa-da selle bilen çalşyň. Her bölegi petruşkanyň ýerine grated hoz bilen sepiň.

Kömelek çorbasynyň kremi

Hyzmatlar 4–6

Ösümlik çorbasynyň kremine taýynlaň, ýöne gök önüm we sogan bilen garyndyny kömelek bilen çalşyň.

Kädi krem çorbasy

6–8 nahar

Esasan Hallowin üçin, ýöne çorba hakykatdanam sowuk, şonuň üçin galyndylary doňduryň ýa-da kädiniň möwsüminde goşmaça partiýa taýýarlaň we tomsuň başynda tygşytlaň.

Bölünen ýa-da tutuşlygyna 1,75 kg / 4 funt täze kädi
2 sogan, takmynan dogralan
15–20 ml / 3-4 nahar çemçesi duz
600 ml / 1 pc / 2½ stakan krem süýdü
15 ml / 1 nahar çemçesi mekgejöwen uny (mekgejöwen krahmaly)
30 ml / 2 nahar çemçesi sowuk suw
2,5 ml / as çaý çemçesi grated hoz
Croûtons, hyzmat etmek üçin (islege görä)

Käbäni garpyz ýaly dilimläň. Tohumlary aýyryň we ýuwuň we guradyň. Bir gatlakda bir tabakda tertipläň. Doly görnüşde 4 minutlap ýuwaşlyk bilen açylmaly. Sowuklamaga rugsat beriň, soňra gabyklary açyň we içindäki tohumlary aýyryň. Kitap. Käbäni arassalaň we soganlygy gaty uly kublara bölüň. Sogan bilen uly tabaga salyň we gowy garmaly. Berkidiji film (plastmassa folga) bilen berk ýapyň, ýöne kesmäň. Gazany dört gezek öwrüp, 30 minut doly bişirmeli. Peçden çykaryň we 10 minut goýuň. Puree kädi, sogan we nahar suwuklygy blenderde ýa-da iýmit prosessorynda birnäçe partiýada. Gazana dolan. Duz we süýt garmaly. Mekgejöweniň suwuny seresaplyk bilen garmaly we hoz püresi goşuň. Gyzdyryň, açylmadyk,

Kokos çorbasy

6–8 nahar

Towukdan 4 bölek
Takmynan dogralan 4 leňňe

1,25 litr / 2¼ bal / 5½ stakan gyzgyn suw

10 ml / 2 nahar duz

1 buket garni konweri

50 g / 2 oz / ¼ stakan uzyn däne, ýeňil bişirilen tüwi

12 sany pyçak

Towugy ýuwuň we diametri 20 sm / 8 çuňlukda goýuň (Gollandiýaly peç). Garynja goşuň. Bugyň gaçmagy üçin ýapyşýan film (plastmassa örtük) bilen ýapyň we iki gezek kesiň. 12 minut doly gaýnadyň. Towugy gazandan çykaryň, eti süňklerden çykaryň we ownuk böleklere bölüň. Kitap. Suwy ikinji uly gaba guýuň. Gazana tüwi, leňňe we suwuklyk bilen duz we buket garni goşuň. Bir tabak bilen örtüň we Doly 18 minut bişirmeli. Towugy we gyrgyçlary garmaly. Öňküsi ýaly ýapyň we ýene 3 minut bişirmeli. Gaty yssy bolanda iýiň.

Çorba çorbasy

Geýts 6

30 ml / 2 çemçe merjen arpa

225g / 8oz guzy filesi, dişli ululykdaky kublara bölünýär

1,2 litr / 2 bal / 5 käse gyzgyn suw

1 sany uly sogan, dogralan

Ownuk kublara bölünen 1 käşir

Ownuk kublara kesilen 1 ownuk şalgam

1 ownuk leňňe, dogralan

Duz we täze ýer gara burç

Dogralan petruşka

Arpany 4 sagat 75 ml / 5 nahar çemçesi sowuk suwa batyryň. Syzmak. Guzyny 2,25 kwartal / 4 kwartal / 10 käse jamda goýuň. Gyzgyn suw we arpa goşuň. Bir tabak bilen örtüň we Doly 4 minut bişirmeli. Skim. Taýýar gök önümleri, duz we burç goşuň. Öňküsi ýaly ýapyň we arpa ýumşaýança 25-30 minut doly bişirmeli. 5 minut goýuň. Warmyly çorba tabaklaryna atyň we hersine petruşka bilen sepiň.

Ysraýyl towuk we awakado çorbasy

4-5 nahar

900 ml / 1½ pc / 3¾ stakan gowy tagamly towuk çorbasy
1 sany uly bişen awakado, gabykly we gabykly
30 ml / 2 nahar çemçesi täze limon suwy

Towuk ätiýaçlygyny 1,5 kwartal / 2½ kwartal / 6 käse jamda guýuň. Bir tabak bilen ýapyň we 9 minut ýokary otda gyzdyryň. Awakado etini limon suwy bilen gödek püresi bilen garmaly. Gyzgyn çorbany garmaly. Öňküsi ýaly ýapyň we 1 minut ýokary otda gyzdyryň. Warmyly berilýär.

Çig mal bilen awokado çorbasy

4-5 nahar

Ysraýyl towuk awakado çorbasyna taýýarlaň we hersine 7.5ml / 1½ nahar çemçe bişirilen bişirilen şugundyr (şugundyr) bilen bezeliň.

Çorba

Geýts 6

450g / 1lb çig şugundyr (tomzak)
75 ml / 5 nahar çemçesi suw
1 sany uly käşir, gabykly we grated
1 ownuk şalgam, gabykly we grated
1 sogan, arassalanan we grated
750 ml / 1¼ pc / 3 stakan gyzgyn sygyr ýa-da gök önüm çorbasy
125g / 4oz ak kelem, kesilen
15 ml / 1 nahar çemçesi limon suwy
5 ml / 1 nahar duz

Täze ýer gara burç

90 ml / 6 nahar çemçe gaýmak (süýt).

Çigidini gowy ýuwuň, ýöne gabyksyz goýuň. Diametri 20 sm / 8 bolan gazana bir suw gatlagynda goýuň. Bugyň gaçmagy üçin ýapyşýan film (plastmassa örtük) bilen ýapyň we iki gezek kesiň. 15 minut doly gaýnadyň. Käşir, şalgam we sogan 2 kwartal / 3½ kwartal / 8½ käse jamda goýuň. Çigidini süzüň we arassalaň we dilimlere bölüň. Ösümlik jamyny 150 ml / ¼ pt / 2/3 käse ätiýaçlyk bilen goşuň. Öňküsi ýaly ýapyň we Doly 10 minut bişirmeli. Çorbanyň galan bölegini we kremden, tagam möwsüminden başga ähli maddalary garmaly. Bir tabak bilen örtüň we dört gezek garmaly we 10 minut doly otda bişirmeli. Warmyly çorba tabaklaryna atyň we hersine 15ml / 1 nahar çemçe krem goşuň.

Sowuk burşt

Geýts 6

Bortş ýaly taýynlaň we sowatmak üçin goýuň. Sowuk bolanda süzüň. 150 ml / ¼ pt / 2/3 stakan sowuk suw we gaty dogralan 1 sany uly bişirilen şugundyr goşuň. 15 minut goýuň. Againene süýşýär. Tagamy üçin goşmaça limon suwy bilen üwüriň. Hyzmat etmezden ozal birnäçe sagat sowadyň.

Sowuk sowuk burşt

Geýts 6

Sowuk Bortş ýaly taýýarlaň. Ikinji süzgüçden soň, blenderde ýa-da iýmit prosessorynda 250ml / 1 stakan ýarym ýagly krem fraîçe bilen garmaly. Dynç alyň.

Mämişi mekgejöwen çorbasy

4-5 nahar

125 g / 4 oz / ½ käse mämişi mekgejöweni
1 sany uly sogan, grated
1 uly käşir, grated
½ ownuk şalgam, grated
1 kartoşka, grated

20 ml / 4 nahar çemçesi ýag ýa-da margarin

5 ml / 1 nahar çemçesi mekgejöwen ýa-da günebakar ýagy

30 ml / 2 nahar çemçesi dogralan petruşka, garnitura üçin goşmaça

900 ml / 1½ sany / 3¾ stakan gyzgyn towuk ýa-da gök önüm

Duz we täze ýer gara burç

Linzalary ýuwuň we süzüň. Gök önümleri, ýagy ýa-da margarini we ýagy 2 kwartal / 3½ kwartal / 8½ käse jamda goýuň. Petruşka goşuň. Üç gezek garyşdyryp, doly otda 5 minut bişirmeli. Ysmanagy we gyzgyn ätiýaçlygyň üçden birini garmaly. Tagamly möwsüm. Bugyň gaçmagy üçin ýapyşýan film (plastmassa örtük) bilen ýapyň we iki gezek kesiň. Enter ýüzi ýumşaýança 10 minut ýokary bişirmeli. (Notok bolsa, goşmaça 5-6 minut bişirmeli.) Blender ýa-da iýmit prosessoryna geçiriň we gaty arassalanýança gaýtadan işlediň. Galan çorba bilen tabaga salyň. Bir tabak bilen örtüň we üç gezek garmaly, 6 minut ýokary otda gyzdyryň. Her bölegini goşmaça petruşka sepip, derrew hyzmat ediň.

Peýnir we gowrulan kawaý hozy bilen mämişi mekgejöwen çorbasy

4-5 nahar

Pyrtykal mekgejöwen çorbasy ýaly taýýarlaň, ýöne soňky gyzdyrylandan soň 60ml / 4 nahar çemçesi grated edam peýniri we 60ml / 4 nahar çemçesi dogralan gowrulan gowrulan kawaýlary goşuň.

Pomidor garnirli mekgejöwen çorbasy

4-5 nahar

Pyrtykal mekgejöwen çorbasy ýaly taýýarlaň, ýöne petruşka sepmegiň ýerine, hersine 5ml / 1tsp gün guradylan pomidor püresi bilen hyzmat ediň, soňra bir bölek täze pomidor bilen garmaly.

Sary nohut çorbasy

6–8 nahar

Şwesiýada her penşenbe güni iýilýän nohut çorbasynyň şwed görnüşi.
Adatça krepkalar we jamlar bolýar.

350 g / 12 oz / 1½ stakan sary bölünen nohut, ýuwulýar

900 ml / 1½ sany / 3¾ stakan sowuk suw

5 ml / 1 nahar çemçesi

1 süňk, takmynan 450-500 g / 1 f

750 ml / 1¼ sany / 3 stakan gyzgyn suw
5-10 ml / 1-2 nahar çemçesi duz

Bölünen nohutlary garylan gaba goýuň. Sowuk suw goşuň. Bir tabak bilen örtüň we Doly 6 minut bişirmeli. 3 sagat otursyn. Nohut we çygly suwy 2,5 kwartal / 4½ kwartal / 11 käse tabaga geçiriň. Marjoramy garmaly we ham süňküni goşuň. Bugyň gaçmagy üçin ýapyşýan film (plastmassa örtük) bilen ýapyň we iki gezek kesiň. 30 minut gaýnadyň. Gyzgyn suwuň ýarysyna garmaly. Öňküsi ýaly ýapyň we ýene 15 minut bişirmeli. Süňkü aýyryň. Eti süňkden çykaryň we ownuk böleklere bölüň. Çorbanyň galan gyzgyn suwy bilen dolan. Duz bilen dadyp görmek möwsümi. Gowy garmaly. Bir tabak bilen örtüň we iň köp 3 minut gyzdyryň. Isleseňiz, çorbany goşmaça gaýnag suw bilen garyşdyryp bilersiňiz.

fransuz sogan çorbasy

Geýts 6

30 ml / 2 nahar çemçesi ýag, margarin ýa-da günebakar ýagy
4 sany sogan, inçejik dilimlenip, tegeleklere bölünýär
20 ml / 4 nahar mekgejöwen uny (mekgejöwen krahmaly)
900 ml / 1½ pc / 3¾ stakan gyzgyn sygyr eti ýa-da konsom
Duz we täze ýer gara burç
Diagonally kesilen 6 dilim fransuz çöregi
90ml / 6 nahar çemçesi grýuère (Şweýsariýa) ýa-da Jarlsberg peýniri
Paprika

Butterag, margarin ýa-da ýag 2 kwartal / 3½ kwartal / 8½ käse jamda goýuň. 2 minutlap ýylylyk açylýar. Gazanda sogan sogan halkalaryny garmaly. Doly otda 5 minut bişirmeli. Mekgejöweniň içine garmaly. Hotuwaş-ýuwaşdan gyzgyn aksiýanyň ýarysyna garmaly. Tabagy ýapyşýan film (plastmassa örtük) bilen ýapyň we bugyň gaçmagy üçin iki gezek kesiň. Gazany dört gezek öwrüp, 30 minut gaýnadyň. Çorbanyň galan bölegini we tagamyny garmaly. Gowy garmaly. Çorbany alty tabaga guýuň we hersine bir bölek çörek goşuň. Peýnir we paprika sepiň. Her aýratyn jamy mikrotolkuna gaýtaryň we peýnir eräp, köpüräk bolýança 1½ minutlap doly gyzdyryň. Derrew iýiň.

Minestrone

8-10 nahar

Inçe dilimlenen 350g / 12oz gök (gök)
225g / 8oz käşir, inçe dilimlenen
225g / 8oz sogan, gaty dogralan
125g / 4oz ak kelem, kesilen
125g / 4oz kale, kesilen
3 sapak sogan, inçejik dilimlenen
3 kartoşka, dogralan
125 g / 4 oz / 1 stakan täze ýa-da doňdurylan nohut
125 g / 4 oz dilimlenen täze ýa-da doňdurylan ýaşyl noýba

400 g / 14 oz / 1 uly pomidor

30 ml / 2 nahar çemçesi pomidor püresi (pasta)

Gysga uzynlyga bölünen 50g / 2oz makaron

1 litr / 1¾ bal / 4¼ stakan gyzgyn suw

15–20 ml / 3-4 nahar çemçesi duz

100 g / 3½ oz / 1 käse grated Parmesan

Preparedhli taýýarlanan gök önümleri 3,5 litr / 6 pt / 15 käse jamda goýuň. Suwdan we duzdan başga galan maddalary garmaly, jamyň gyrasyndaky pomidorlary agaç çemçäniň arkasy bilen döwüň. Uly tabak bilen örtüň we üç gezek garmaly we 15 minut doly otda bişirmeli. Gyzgyn suwuň dörtden üç bölegini garmaly. Öňküsi ýaly ýapyň we dört ýa-da bäş gezek garyşdyryp, 25 minut bişirmeli. Mikrotolkundan aýyryň. Suwuň we duzuň galan bölegini garmaly. Çorba gaty galyň görünýän bolsa, goşmaça gaýnag suw goşuň. Çuň tabaklara ýerleşdiriň we aýratyn üpjün edilen Parmesan peýniri bilen hyzmat ediň.

Minestrone Genovese

8-10 nahar

Minestrone ýaly taýýnlaň, ýöne hyzmat etmezden ozal 30ml / 2 nahar çemçesi taýýar ýaşyl pesto goşuň.

Italýan kartoşka çorbasy

4-5 nahar

1 sany uly sogan, dogralan

30 ml / 2 nahar çemçesi zeýtun ýagy ýa-da günebakar ýagy

4 sany uly kartoşka

1 sany ownuk süňk bişirilen hamam

1,25 litr / 2¼ bal / 5½ stakan gyzgyn towuk ätiýaçlygy

Duz we täze ýer gara burç

60 ml / 4 nahar çemçesi ýekeje krem (ýagtylyk).

Grated hoz

30 ml / 2 nahar çemçesi dogralan petruşka

Sogan we ýagy 2,25 kwartal / 4 kwartal / 10 käse jamda goýuň. Iki gezek garmaly, 5 minutlap eremeli. Bu aralykda kartoşkanyň gabygyny çalyň we owratyň. Sogan bilen garmaly we tagamyna ham süňküni, gyzgyn ätiýaçlygy we duz we burç goşuň. Bir tabak bilen örtüň we kartoşka ýumşaýança iki gezek garmaly suw 15-20 minut doly otda bişirmeli. Krem bilen garmaly, çorba tabaklaryna guýuň we hoz we petruşka sepiň.

Täze pomidor we selderýa çorbasy

6–8 nahar

900g / 2lb bişen pomidor, garylan, gabykly we gabykly

50g / 2oz / ¼ käse ýagy ýa-da margarin ýa-da 30ml / 2 nahar çemçesi zeýtun ýagy

2 sapak sogan, ynçe kesilen

1 uly sogan, ynçe kesilen

30 ml / 2 nahar çemçesi ýumşak goýy goňur şeker

5 ml / 1 nahar soya sousy

2,5 ml / as çaý çemçesi duz

300 ml / ½ pt / 1¼ stakan ýyly suw

30 ml / 2 nahar çemçesi mekgejöwen uny (mekgejöwen krahmaly)
150 ml / ¼ pt / 2/3 stakan sowuk suw
Orta sherri

Pomidorlary blenderde ýa-da iýmit prosessorynda arassalañ. Butterag, margarin ýa-da ýagy 1,75 litr / 3 pt / 7½ käse jamda goýuñ. 1 minut doly gyzdyryñ. Selderi we sogan bilen garmaly. Bir tabak bilen örtüñ we Doly 3 minut bişirmeli. Pomidor püresi, şeker, soýa sousy, duz we gyzgyn suw goşuñ. Öñküsi ýaly ýapyñ we dört gezek garyşdyryp, Doly 8 minut bişirmeli. Bu aralykda mekgejöweniñ sowuk suwy bilen seresaplylyk bilen garmaly. Çorbany garmaly. Dört gezek garyşdyryp, doly otda 8 minut bişirmeli. Çorba tabaklaryna atyñ we hersine şerif goşuñ.

Awokado geýimi bilen pomidor çorbasy

Geýts 8

2 bişen awokado
1 ownuk hekiñ şiresi
1 sogan sarymsak, ezilen
30 ml / 2 nahar çemçesi gorçisa maýonez
45 ml / 3 nahar çemçesi
5 ml / 1 nahar duz
Bir çümmük zerdejik
600 ml / 20 fl oz / 2 banka kondensirlenen pomidor çorbasy
600 ml / 1 pc / 2½ stakan gyzgyn suw

2 pomidor, gabykly, gabykly, tohumly we kwartal

Awokadonyň gabygyny gabyň we kesiň, çukury aýyryň. Pulpany inçejik eziň, soňra limon suwy, sarymsak, maýonez, krem fraîçe, duz we zerdejik bilen garmaly. Gerek bolýança ýapyň we sowadyň. Iki banka çorbany 1,75 litr / 3 pt / 7½ käse gazana guýuň. Suwy ýuwaşja çaýlaň. Pomidor etini zolaklara bölüň we çorbanyň üçden iki bölegini goşuň. Gazany tabak bilen ýapyň we dört ýa-da bäş gezek garyşdyryp, gaty gyzgyn bolýança 9 minut bişirmeli. Çorba tabaklaryna atyň we hersine bir nahar çemçesi awakado geýiň. Galan pomidor zolaklary bilen bezeliň.

Sowuk peýnir we sogan çorbasy

6–8 nahar

25 g / 1 oz / 2 nahar çemçesi ýag ýa-da margarin
2 sogan, dogralan
2 sapak sogan, inçe kesilen
30 ml / 2 nahar çemçesi ýönekeý (ähli maksatly) un.
900 ml / 1½ pc / 3¾ stakan gyzgyn towuk ýa-da gök önüm çorbasy
45 ml / 3 nahar çemçesi gury ak şerap ýa-da ak port
Duz we täze ýer gara burç
125 g / 4 oz / 1 stakan gök peýnir
125 g / 4 oz / 1 stakan kedr peýniri, grated
150 ml / ¼ pt / 2/3 stakan agyr krem

Garnitur üçin inçe kesilen adaty

Butterag ýa-da margarini 2,25 litr / 4 pt / 10 käse tabaga goýuň. 1½ minut erişde açylanda eremeli. Sogan we selderini garmaly. Bir tabak bilen örtüň we Doly 8 minut bişirmeli. Mikrotolkundan aýyryň. Uny garmaly, soňra ýuwaş-ýuwaşdan ätiýaçda we şerapda ýa-da portda garmaly. Öňküsi ýaly ýapyň we her 2-3 minutda garmaly we 10-12 minut doly otda bişirmeli. Çorba tekiz, galyň we gyzgyn bolýança minut. Tagamly möwsüm. Peýnir goşuň we eränçä garmaly. Gaplaň we sowadyň, soňra birnäçe sagat ýa-da bir gije sowadyň. Hyzmat etmezden ozal, kremde garmaly we seresaplylyk bilen garmaly. Kuboklara ýa-da tabaklara guýuň we hersine adatyja sepiň.

Şweýsariýa görnüşindäki peýnir çorbasy

6–8 nahar

25 g / 1 oz / 2 nahar çemçesi ýag ýa-da margarin
2 sogan, dogralan
2 sapak sogan, inçe kesilen
30 ml / 2 nahar çemçesi ýönekeý (ähli maksatly) un.
900 ml / 1½ pc / 3¾ stakan gyzgyn towuk ýa-da gök önüm çorbasy
45 ml / 3 nahar çemçesi gury ak şerap ýa-da ak port
5 ml / 1 nahar kimyon tohumy
1 sogan sarymsak, ezilen
Duz we täze ýer gara burç

225 g / 8 oz / 2 käse Emmental ýa-da Gruyère (Şweýsariýa) peýniri, grated

150 ml / ¼ pt / 2/3 stakan agyr krem

Garakçylar

Butterag ýa-da margarini 2,25 litr / 4 pt / 10 käse tabaga goýuň. 1½ minut erişde açylanda eremeli. Sogan we selderini garmaly. Bir tabak bilen örtüň we Doly 8 minut bişirmeli. Mikrotolkundan aýyryň. Uny garmaly, soňra ýuwaş-ýuwaşdan ätiýaçda we şerapda ýa-da portda garmaly. Zerini we sarymsagy garmaly. Öňküsi ýaly ýapyň we her 2-3 minutda garmaly we 10-12 minut doly otda bişirmeli. Çorba gyzgyn, ýylmanak we galyň bolýança minut. Tagamly möwsüm. Peýnir goşuň we eränçä garmaly. Krem bilen garmaly. Kuboklara ýa-da tabaklara guýuň we garga bilen bezelen ýyly hyzmat ediň.

Awgolemono çorbasy

Geýts 6

1,25 litr / 2¼ bal / 5½ stakan gyzgyn towuk ätiýaçlygy

60 ml / 4 nahar çemçesi risotto tüwi

2 limonyň şiresi

2 sany uly ýumurtga

Duz we täze ýer gara burç

Aksiýany 1,75 kwartal / 3 kwartal / 7½ käse çuň tabaga guýuň. Tüwini garmaly. Bir tabak bilen örtüň we tüwi ýumşaýança 20-25 minut doly otda bişirmeli. Limon suwuny we ýumurtgalary çorba ýa-da beýleki uly hyzmat ediş gabyna gowy çaýlaň. Seresaplyk bilen çorba we tüwi goşuň. Hyzmat etmezden ozal dadyň.

Pastis bilen hyýar krem çorbasy

6–8 nahar

900g / 2lb hyýar, gabykly
45ml / 3 nahar çemçesi ýag ýa-da margarin
30 ml / 2 nahar çemçesi mekgejöwen uny (mekgejöwen krahmaly)
600 ml / 1 pc / 2½ käse towuk ýa-da gök önüm
300 ml / ½ pt / 1¼ stakan agyr krem
7.5-10 ml / 1½ - 2 nahar çemçesi duz
10 ml / 2 nahar çemçesi Pernod ýa-da Rikard (pastis)
Täze ýer gara burç

Dogralan ukrop (ukrop oty)

Azyk prosessorynyň graterini ýa-da kesiş tagtasyny ulanyp, hyýar gaty ince dilimläň. Bir tabaga salyň, çyglylygyň bir bölegininň gaçmagy üçin 30 minut goýuň. Arassa polotensada (gap-gaç) mümkin boldugyça gury. Butterag ýa-da margarini 2,25 litr / 4 pt / 10 käse tabaga goýuň. 1½ minut erişde açylanda eremeli. Soganlary garmaly. Bir tabak bilen örtüň we üç gezek garmaly we 5 minut doly otda bişirmeli. Mekgejöweniň bir bölegini ýuwaşlyk bilen garyşdyryň, galan bölegini goşuň. Hyýarda kem-kemden garmaly. Takmynan doly görnüşde bişiriň. Çorba gyzgyn, ýylmanak we galyň bolýança üç ýa-da dört gezek garmaly. Krem, duz we ýelim goşup, gowy garmaly. 1-1 1/2 minutlap gyzdyryň. Burç bilen möwsüm.

Tüwi bilen köri çorbasy

Geýts 6

Mildakymly iňlis-hindi towuk çorbasy.

30 ml / 2 nahar çemçesi nohut ýa-da günebakar ýagy

1 sany uly sogan, dogralan

3 sapak sogan, ince kesilen

15 ml / 1 nahar çemçesi ýumşak köri tozy

30 ml / 2 nahar çemçesi orta gury şeri

1 kwartal / 1¾ bal / 4¼ käse towuk ýa-da gök önüm

125 g / 4 oz / ½ stakan uzyn däne tüwi

5 ml / 1 nahar duz

15 ml / 1 nahar çemçesi soýa sousy
175 g / 6 oz / 1½ stakan bişirilen towuk, zolaklara bölünýär
Hyzmat etmek üçin galyň tebigy gatyk ýa-da crème fraîche

25agny 2,25 litr / 4 pt / 10 käse gazana guýuň. 1 minutlap ýylylyk açylýar. Sogan we selderýa goşuň. Bir gezek garyşdyryp, doly otda 5 minut bişirmeli. Karri poroşokyny, şerini, ätiýaçlygy, tüwi, duz we soýa sousyny garmaly. Bir tabak bilen örtüň we doly otda 10 minut bişirmeli, iki gezek garmaly. Towugy goşuň. Öňküsi ýaly ýapyň we Doly 6 minut bişirmeli. Tabaklara guýuň we hersine bir gurjak gatyk ýa-da crème fraîche goşuň.

Wiçi sousy

Geýts 6

20-nji asyryň başynda Amerikaly aşpez Lui Diat tarapyndan oýlanyp tapylan leňňe we kartoşka çorbasynyň häzirki zaman we sowuk görnüşi.

2 leňňe
350g / 12oz kartoşka, gabykly we dilimlenen
25 g / 1 oz / 2 nahar çemçesi ýag ýa-da margarin
30 ml / 2 nahar çemçesi suw
/ 2 stakan süýt üçin 450ml / ¾
15 ml / 1 nahar çemçesi mekgejöwen uny (mekgejöwen krahmaly)
150 ml / ¼ pt / 2/3 stakan sowuk suw
2,5 ml / as çaý çemçesi duz

150ml / ¼ tsp / 2/3 stakan ýekeje krem (ýagtylyk).

Garnitur üçin inçe kesilen çaýlar

Düwürtikleri kesiň, gök önümleriň köpüsini kesiň. Galanlaryny kesip, gowy ýuwuň. Galyň dilim. Kartoşka, ýag ýa-da margarin we suw bilen 2 kwartal / 3½ pt / 8½ käse gazana goýuň. Bir tabak bilen örtüň we dört gezek garmaly we doly otda 12 minut bişirmeli. Blendere geçiriň, süýt we püresi goşuň. Tabaga dolan. Mekgejöweniň suwuny seresaplyk bilen garmaly we tabaga goşuň. Duz bilen dadyp görmek möwsümi. Her minutda çaýkanyp, 6 minutlap doly bişiriň. Salkyn bolsun. Krem bilen garmaly. Gowy ýapyň we salkynlaň. Tabaklara guýuň we her bölegini çaý bilen sepiň.

Yogogurt bilen sowuk hyýar çorbasy

6–8 nahar

25 g / 1 oz / 2 nahar çemçesi ýag ýa-da margarin

1 sany sarymsak

1 hyýar, gabykly we gaty grated

600 ml / 1 pc / 2½ stakan ýönekeý gatyk

300 ml / ½ pt / 1¼ stakan süýt

150 ml / ¼ pt / 2/3 stakan sowuk suw

2,5-10 ml / ½ - 2 nahar duz

Garnitur üçin dogralan nan

Butterag ýa-da margarini 1,75 litr / 3 pt / 7½ käse jamda goýuň. 1 minutlap ýylylyk açylýar. Sarymsagy eziň we hyýar goşuň. Iki gezek garyşdyryp, doly otda 4 minut bişirmeli. Mikrotolkundan aýyryň. Galan ähli maddalary garmaly. Birnäçe sagat ýapyň we sowadyň. Tabaklara salyň we her bölegini nan bilen sepiň.

Yogogurt bilen sowadylan ysmanak çorbasy

6–8 nahar

25 g / 1 oz / 2 nahar çemçesi ýag ýa-da margarin

1 sany sarymsak

450g / 1lb ýaş ysmanak ýapraklary, dogralan

600 ml / 1 pc / 2½ stakan ýönekeý gatyk

300 ml / ½ pt / 1¼ stakan süýt

150 ml / ¼ pt / 2/3 stakan sowuk suw

2,5-10 ml / ½ - 2 nahar duz

1 limonyň şiresi

Bezeg üçin grated hoz ýa-da ýer hozy

Butterag ýa-da margarini 1,75 litr / 3 pt / 7½ käse jamda goýuň. 1 minutlap ýylylyk açylýar. Sarymsagy ezip, ysmanak goşuň. Iki gezek

garyşdyryp, doly otda 4 minut bişirmeli. Mikrotolkundan aýyryň.
Blenderde ýa-da iýmit prosessorynda gödek püresi gaýtadan işlemek.
Galan ähli maddalary garmaly. Birnäçe sagat ýapyň we sowadyň.
Tabaklara salyň we her bölegini ýer hozy ýa-da hoz bilen sepiň.

Şerif bilen sowadylan pomidor çorbasy

4-5 nahar

300 ml / ½ pt / 1¼ stakan suw
300 ml / 10 fl oz / 1 kondensirlenen pomidor çorbasy
30ml / 2 nahar çemçesi gury şeri
150 ml / ¼ tsp / 2/3 käse goşa krem (agyr).
5 ml / 1 nahar Worcestershire sousy
Garnitur üçin inçe kesilen çaýlar

Suwy 1,25 litr / 2¼ pt / 5½ käse gazana guýuň we gaýnap başlaýança 4-5 minutlap açylan ot. Pomidor çorbasyny goşuň. Doly tekiz bolanda, galan maddalary gowy garmaly. 4-5 sagat ýapyň we sowadyň. Garyşdyryň, aýna gaplara ýerleşdiriň we hersine çaý sepiň.

Täze Angliýa balyk hasasy

6–8 nahar

Elmydama Demirgazyk Amerikada ýekşenbe günortanlyk nahary üçin hödürlenýär, "Clam Chowder" iň ajaýyp nusgawy, ýöne gysgyçlaryň gelmegi aňsat bolmansoň, ak balyklar çalşyldy.

5 bölek zolakly doňuz (dilim), gaty dogralan
1 sany uly sogan, arassalanan we grated
15 ml / 1 nahar çemçesi mekgejöwen uny (mekgejöwen krahmaly)
30 ml / 2 nahar çemçesi sowuk suw
1 sm / ½ kublara bölünen 450g / 1lb kartoşka
900 ml / 1½ sany / 3¾ stakan tutuş süýt
450g berk ak balyk filetleri, derisi we ownuk böleklere bölünýär
2,5 ml / ½ nahar çemçesi
Duz we täze ýer gara burç

Bekony 2,5 kwartal / 4½ kwartal / 1l käse jamda goýuň. Sogan goşup, 5 minutlap açyk bişirmeli. Mekgejöweniň suwuny seresaplyk bilen garmaly we tabaga garmaly. Kartoşkany we gyzgyn süýdüň ýarysyny garmaly. Üç gezek garyşdyryp, doly otda 6 minut bişirmeli. Galan süýdüň içine garmaly we açylmadyk ýagdaýda 2 minut bişirmeli. Balygy hoz we tagam bilen goşuň. Bir tabak bilen örtüň we balyk ýumşaýança 2 minut doly bişirmeli. (Balyk gowşap başlady öýdüp gorkmaň.) Çuň tabaklara siňip, derrew iýiň.

Gyrgyç çorbasy

4 göterýärsiňiz

25g / 1oz / 2 nahar çemçesi duzlanmadyk ýag (süýji).
20 ml / 4 nahar çemçesi (ähli maksatly) un.
300 ml / ½ pt / 1¼ stakan gyzdyrylan krem süýdü
300 ml / ½ pt / 1¼ stakan suw
2,5ml / ½ çaý çemçesi Iňlis taýýarlanan gorçisa
Bir gezek gyzgyn burç sousy
25 g / 1 oz / ¼ stakan kedr peýniri, grated
175g / 6oz ýeňil we garaňky gyrgyç
Duz we täze ýer gara burç
45 ml / 3 nahar çemçesi gury şeri

Butteragy 1,75 kwartal / 3 kwartal / 7½ käse gazanda goýuň. 1-1½ minut eremeli. Uny garmaly. 30 sekundyň dowamynda ýokaryk bişiriň. Milkuwaş-ýuwaşdan süýt bilen suwda garmaly. Her minutda çaýkanyp, birmeňzeş we galyňlaşýança 5-6 minut doly otda açyň. Galan ähli maddalary garmaly. Doly otda 1½2 minut bişirmeli, gaýnadýança iki gezek garmaly.

Gyrgyç we limon çorbasy

4 göterýärsiňiz

Garyn çorbasy ýaly taýýarlaň, ýöne galan maddalar bilen 5 ml / 1 nahar çemçesi inçe grated limon zestini goşuň. Her bölegini azajyk grated hoz bilen sepiň.

Lobster bisque

4 göterýärsiňiz

Gyrgyç çorbasy ýaly taýýarlaň, ýöne süýdüňizi adaty (ýeňil) krem we gyrgyç etini ownuk lobster bilen çalşyň.

Gury paket çorbasy

Bukjanyň mazmunyny 1,25 litr / 2¼ pt / 5½ käse gapda goýuň. Maslahat berilýän mukdarda sowuk suwda kem-kemden garmaly. Gök önümleri ýumşatmak üçin 20 minut goýuň. Aladalanmak. Bir tabak bilen örtüň we çorba gaýnap, galyňlaşýança iki gezek garmaly we 6-8 minut doly otda bişirmeli. 3 minut dursun. Garyşdyryň we hyzmat ediň.

Konserwirlenen çorba

Çorbany 1,25 litr / 2¼ pt / 5½ stakan ölçeg käsesine guýuň. 1 banka gaýnag suw goşup, gowy garmaly. Çorba gaýnýança bir tabak ýa-da tabak bilen ýapyň we 6-7 minutlap iki gezek garmaly. Tabaklara guýuň we hyzmat ediň.

Çorbalary gyzdyrmak

Üstünlikli netijeler üçin, eriş wagtynda doly, kremli çorbalarda we çorbalarda arassa ýa-da inçe çorbalary gyzdyryň.

Nahar bişirmek üçin ýumurtga gyzdyrmak

Iň soňky minutda bişirmek kararyna gelseňiz we otag temperaturasynda ýumurtga gerek bolsa.

1 ýumurtga üçin: ýumurtgany ownuk tabaga ýa-da käse döwüň. Derini döwmezlik we sarysy döwmezlik üçin sarysy iki gezek pyçak ýa-da pyçagyň ujy bilen basyň. Tabagy ýa-da käsäni tabak bilen ýapyň. 30 sekundyň dowamynda eriş bilen gyzdyryň.

2 ýumurtga üçin: 1 ýumurtga barada, ýöne 30-45 sekuntda ýyly.

3 ýumurtga üçin: 1 ýumurtga barada bolsa, 1–1¼ minut ýyly.

Gowrulan ýumurtgalar

Bular öz naharlarynda aýratynlykda taýýarlanýar.

1 ýumurtga üçin: ýalpak gaba 90ml / 6 nahar çemçesi ýyly suw guýuň. Akyň ýaýramagynyň öňüni almak üçin 2,5 ml / as çaý çemçesi ýeňil sirke goşuň. Seresaplyk bilen 1 ýumurtga goýuň, ilki bir käse bölüň. Sarysy iki gezek pyçak ýa-da pyçak bilen gysyň. Bir tabak bilen örtüň we ýumurtganyň aklaryny näderejede halaýandygyňyza baglylykda 45 sekunt - 1¼ minutlap doly bişirmeli. 1 minut oturyň. Deşikli balyk dilimleýji bilen tabakdan çykaryň.

Bir wagtyň özünde 2 usul bişirilen 2 ýumurtga üçin: Doly görnüşde 1½ minut bişirmeli. 1¼ minut goýuň. Eggumurtganyň aklary gaty akýan bolsa, ýene 15-20 sekunt bişirmeli.

Bir wagtyň özünde 3 usul bişirilen 3 ýumurtga üçin: 2-2½ minut doly bişirmeli. 2 minut dursun. Eggumurtganyň aklary gaty akýan bolsa, ýene 20-30 sekunt bişirmeli.

Bişen (gowrulan) ýumurtga.

Mikrotolkun bu ýerde gaty gowy iş edýär we ýumurtgalar ýumşak we mylaýym, hemişe güneşli tarapa çykýar we hiç haçan süýnmeýän ak saçak bilen çykýar. Bir gezekde 2-den gowrak ýumurtga gowurmak maslahat berilmeýär, sebäbi sarysy aklardan has çalt bişer we gaty bolar. Bu, ýumurtganyň aklaryny bellemek üçin zerur bolan has köp nahar bişirmek wagty bilen baglanyşyklydyr. Fransiýada bolşy ýaly bezeg yzy bolmadyk farfor ýa-da keramika ulanyň.

1 ýumurtga üçin: Ownuk farfor ýa-da keramiki tabagy eredilen ýag, margarin ýa-da näzik zeýtun ýagynyň yzy bilen ýeňil ýaglaň. Eggumurtgany bir käse döwüň, soňra taýýar tabaga itekläň. Sarysy iki gezek pyçak ýa-da pyçak bilen gysyň. Duz we täze ýer gara burç bilen ýeňil sepiň. Bir tabak bilen örtüň we Doly 30 sekunt bişirmeli. 1 minut oturyň. Anotherene 15-20 sekunt bişirmegi dowam etdiriň. Aklar ýeterlik doňmasa, ýene 5-10 sekunt bişirmeli.

2 ýumurtga üçin: 1 ýumurtga barada aýdylanda bolsa, ilki bilen 1 minut doly bişirmeli, soň bolsa 1 minut goýmaly. Anotherene 20-40 sekunt bişirmeli. Eggumurtganyň aklary gaty berk bolmasa, ýene 6-8 sekunt rugsat beriň.

Turbalar parady

4 göterýärsiňiz

30 ml / 2 nahar çemçesi zeýtun ýagy
3 sany sogan, gaty inçe dilimlenen
2 sany ýaşyl burç (ýag), tohumly we inçe kesilen
6 pomidor, gabykly, gabykly, tohumly we dogralan
15 ml / 1 nahar çemçesi dogralan reyhan ýapraklary
Duz we täze ýer gara burç
6 sany uly ýumurtga
60 ml / 4 nahar çemçesi goşa (agyr) krem.
Tost, hyzmat etmek

Oilagy diametri 25 sm / 10 çuň gazana guýuň we 1 minutlap açylmadyk ýylylyk. Sogan we burç garmaly. Bir tabak bilen örtüň we gök önümler ýumşaýança gabyň üstünde 12-14 minut bişirmeli. Tagamy üçin pomidor, reyhan we möwsümi garmaly. Öňküsi ýaly ýapyň we Doly 3 minut bişirmeli. Eggsumurtga we krem gowy uruň we dadyň. Gazana guýuň we gök önümler bilen garmaly. Her minutda garyşyp, ýeňil garylýança 4-5 minut doly otda açyň. Tostlanan çörek bilen hyzmat etmezden 3 minut ýapyň we goýuň.

Gammon bilen Pepperade

4 göterýärsiňiz

"Piperade" ýaly taýynlaň, ýöne tostyň (sous) bölekerine çemçe we hersiniň üstüne bir bölek panjara (gowrulan) ýa-da mikrotolkunly gammon goşuň.

Turbalar parady

4 göterýärsiňiz

Ispaniýanyň Piperada görnüşi.

"Piperade" ýaly taýýarlaň, ýöne sogan we ýaşyl burç (ýag) bilen 2 sany sogan sarymsak goşuň we bişirilen gök önümlere 125g / 4oz / 1 stakan dogralan dogramany goşuň. Her bölegini dilimlenen zeýtun bilen bezäň.

Florentin ýumurtgalary

4 göterýärsiňiz

450g / 1lb täze bişirilen ysmanak

Gaýnadylan krem üçin 60 ml / 4 çemçe krem

4 sany balykly ýumurtga, bir gezekde 2 gaýnadyldy

300 ml / ½ pt / 1¼ stakan ýyly peýnir sousy ýa-da ertir sousy

50 g / 2 oz / ½ stakan grated peýnir

Ispana we kremi iýmit prosessorynda ýa-da blenderde bilelikde işlediň. 18 sm peçden goraýan tabakda tertipläň. Bir tabak bilen örtüň we 1½ minut ýokary otda gyzdyryň. Eggsumurtgalary üstünde goýuň we gyzgyn sous bilen ýapyň. Peýnir we goňur gyzgyn panjara (broýler) sepiň.

Gumurtga Rossini

Bölümler 1

Bu ýaprakly salat bilen azajyk owadan nahar berýär.

Bugdaý çöreginiň böleklerini gabyksyz gowurmaly (sous) ýa-da tostlaň. Çykdajylary bar bolsa, birneme çişirilen bagyr pastasy bilen ýaýlaň. Täze bişirilen balykly ýumurtga bilen ýokarsyna derrew hyzmat ediň.

Bägül

4 göterýärsiňiz

Mikrotolkunda gowy işleýän Ysraýyl pikiri. Ys geňdir.

750 g süýjülik (baklajan)
15 ml / 1 nahar çemçesi limon suwy
15 ml / 1 nahar çemçesi mekgejöwen ýa-da günebakar ýagy
2 sogan, inçe kesilen
2 sany sogan sarymsak, inçe kesilen
4 sany uly ýumurtga
60 ml / 4 nahar çemçesi süýt
Duz we täze ýer gara burç
Hyzmat etmek üçin ýyly ýag bilen tost

Gämi duralgalaryny ýokarsyna guýuň we ýarym uzynlykda kesiň. Kesilen gapdalyndan uly tabakda ýerleşdiriň we aşhana kagyzy bilen ýapyň. 8-9 minut ýa-da ýumşaýança gowy bişirmeli. Eti limon şiresi bilen iýmit prosessorynda göni deriden çykaryň we gödek püresi bilen işlediň. Oilagy 1,5 litr / 2½ pt / 6 käse gazana goýuň. 30 sekundyň dowamynda doly, açylmadyk ýylylyk. Sogan we sarymsagy garmaly. Doly otda 5 minut bişirmeli. Eggsumurtgalary süýt we möwsüm bilen gowy uruň. Gazana guýuň we sogan we sarymsak bilen doly 30 minut garyşdyryň, her 30 sekuntda garmaly. Sogan we sarymsagy garmaly we süýjü püresi goşuň. Garyndy galyňlaşýança we ýumurtga garylýança, her 30 sekuntda garyşdyryp, 3-4 minut ýokary derejede bişirmegi dowam etdiriň. Warmyly ýagly tostda hyzmat ediň.

Klassiki omlet

1-nji bölüm

Düz ýa-da dolduryp boljak ýeňil gurluşly omlet.

Eredilen ýag ýa-da margarin
3 ýumurtga

20 ml / 4 nahar duz
Täze ýer gara burç
30 ml / 2 nahar çemçesi sowuk suw
Bezeg üçin petruşka ýa-da suw howdany

20 sm / 8 diametrli ýalpak tabagy eredilen ýag ýa-da margarin bilen ýaglaň. Garnituradan başga ähli maddalar bilen ýumurtgalary gowy uruň. (Adaty omletlerdäki ýaly ýumurtgalary ýeňil döwmek ýeterlik däl.) Tabaga guýuň, tabak bilen ýapyň we mikrotolkuna geçiriň. 1½ minut doly gaýnadyň. Eggumurtganyň garyndysyny agaç çemçe ýa-da vilka bilen açyň we bölekleýin düzülen gyralary merkeze getiriň. Öňküsi ýaly ýapyň we mikrotolkuna gaýdyň. 1½ minut doly gaýnadyň. 30-60 sekuntlap ýa-da ýokarsy kesgitlenýänçä bişirmegi dowam etdiriň. Üçden birine bukuň we ýyly tabaga süýşüriň. Garnitur ediň we derrew hyzmat ediň.

Tagamly omletler

1-nji bölüm

Petruşka bilen omlet: Klassiki omlet ýaly taýýarlaň, ýöne ýumurtga ilkinji 1½ minut bişirilenden soň 30ml / 2 nahar çemçesi dogralan petruşka sepiň.

Çemçe bilen omlet: Klassiki omlet ýaly taýýarlaň, ýöne ýumurtga ilkinji 1½ minut bişirilenden soň 30ml / 2 nahar çemçesi dogralan çaý bilen sepiň.

Suw akabasy: Klassiki omlet ýaly taýýarlaň, ýöne ýumurtga ilkinji 1½ minut bişirilenden soň 30ml / 2 nahar çemçesi dogralan suw howdany bilen sepiň.

Gowy otlar bilen omlet: Klassiki omlet ýaly taýýarlaň, ýöne ýumurtga ilkinji 1½ minut bişirilenden soň, dogralan petruşka, kerwil we reýhan garyndysyna 45ml / 3 nahar çemçesi sepiň. Biraz täze tarragon hem goşup bolýar.

Koriander köri omleti: Klassiki omlet ýaly taýýarlaň, ýöne ýumurtga we suwy duz we burçdan başga-da 5-10 ml / 1-2 nahar çemçesi köri bilen uruň. Omlet ilkinji 1½ minut bişirilenden soň, ýumurtgalary 30ml / 2 nahar çemçesi dogralan silantro (koriander) bilen sepiň.

Peýnir we gorçisa bilen omlet: nusgawy omlet ýaly taýýarlanýar, ýöne ýumurtga we suw 5 ml / 1 nahar çemçesi taýýarlanan gorçisa we 30 ml / 2 nahar çemçesi grated gaty peýnir bilen duz we burç bilen ýenjilýär.

Ertirlik nahary üçin omlet

1-2 bölümler

Adatça ýekşenbe günortanlyk naharlarynda hödürlenýän Demirgazyk Amerika görnüşindäki omlet. Ertirlik nahary omlet ýaly tagamly we doldurylyp bilner.

Klassiki omlet ýaly taýynlaň, ýöne 30ml / 2 nahar çemçesi suwy 45ml / 3 nahar çemçesi sowuk süýt bilen çalşyň. Açylandan soň, 1-1½ minut doly bişirmeli. Üçden birine buklaň we seresaplylyk bilen tabaga süýşüriň.

Eredilen peýnir bilen balyklanan ýumurtga

1-nji bölüm

Warmyly ýag bilen 1 dilim tost
45 ml / 3 nahar çemçesi krem peýniri
Pomidor ketçup (pişik)
1 sany balykly ýumurtga

60-75ml / 4-5 nahar çemçesi grated peýnir

Paprika

Tostda krem peýnirini, soňra pomidor ketçupyny ýaýlaň. Bir tabakda goýuň. Üstüne balyklanan ýumurtga bilen, soňam grated peýniri sepiň we paprika sepiň. Peýnir eräp başlaýança 1-1½ minutlap eremeli. Derrew iýiň.

Egumurtga benedikt

1-2 bölümler

Demirgazyk Amerikanyň ýekşenbe günortanlyk nahary, ähli kaloriýa we holesterin çäklendirmelerini bozýan ýumurtga Benedikt bolmasa, doly bolmaz.

Bir küýze ýa-da bap bölüň we tostlaň. Üstüne ýumşak panjara edilen doňuz eti bilen, soňam ýarysyny täze balykly ýumurtga bilen ýokarsyna goýuň. Hollandaise sousy bilen ýaýlaň, soňra paprika bilen ýeňil sepiň. Derrew iýiň.

Arnold Bennet omlet

Hyzmatlar 2

Londondaky Sawoý myhmanhanasynda aşpez tarapyndan meşhur ýazyjynyň hormatyna döredilendigi aýdylýan bu uly gün we baýramçylyk üçin ýatdan çykmajak omletdir.

175g / 6oz çilim çekilen haddok ýa-da kod filetleri

45ml / 3 nahar çemçesi gaýnag suw

120 ml / 4 fl oz / ½ stakan crème fraîche

Täze ýer gara burç

Çotmak üçin eredilen ýag ýa-da margarin

3 ýumurtga

45 ml / 3 nahar çemçesi sowuk süýt

Bir çümmük duz

50 g / 2 oz / ½ käse reňkli Çeddar ýa-da Gyzyl Lester peýniri, grated

Balygy ýalpak suwda goýuň. Bir tabak bilen örtüň we Doly 5 minut bişirmeli. 2 minut dursun. Pulpa wilka bilen süzüň we süzüň. "Crème fraîche" we möwsüm burç bilen işle. 20 sm / 8 diametrli galaýy eredilen ýag ýa-da margarin bilen ýaglaň. Süýt we duz bilen ýumurtgalary gowy uruň. Tabaga guýulýar. Bir tabak bilen örtüň we bişirilen wagtyň gyralaryny merkeze geçirip, 3 minutlap doly bişirmeli. "Full" -da açyň we ýene 30 sekunt bişirmeli. Balyk we krem garyndysy bilen ýaýradyň we peýnir sepiň. Omlet gyzýança we peýnir erýänçä, doly otda 1-1 ½ minutlap gowurmaly. Iki bölege bölüň we derrew hyzmat ediň.

Tortilla

Hyzmatlar 2

Meşhur ispan omleti krep ýaly tegelek we tekiz. Çörek ýa-da çörek we açyk ýaşyl salat bilen gowy gidýär.

15 ml / 1 nahar çemçesi ýag, margarin ýa-da zeýtun ýagy

1 sogan, inçe kesilen

175g / 6oz gaýnadylan kartoşka, dogralan

3 ýumurtga

5 ml / 1 nahar duz

30 ml / 2 nahar çemçesi sowuk suw

Butterag, margarin ýa-da ýag diametri 20 sm / 8 bolan çuň tabaga goýuň. 30-45 sekuntlap eriş bilen gyzdyryň. Sogan bilen garmaly. Bir tabak bilen örtüň we Tine 2 minut bişirmeli. Kartoşkany garmaly. Öňküsi ýaly ýapyň we Doly 1 minut bişirmeli. Mikrotolkundan aýyryň. Duz we suw bilen ýumurtgalary gowy uruň. Sogan we kartoşkanyň üstüne deň derejede guýuň. Gazany bir gezek öwrüp, doly otda 4 ½ minut bişirmeli. 1 minut goýuň, soňra ýarym kesiň we her bölegini bir tabaga geçiriň. Derrew iýiň.

Garylan gök önümler bilen ispan omleti

Hyzmatlar 2

30 ml / 2 nahar çemçesi ýag, margarin ýa-da zeýtun ýagy

1 sogan, inçe kesilen

2 pomidor, gabykly we dogralan

½ ownuk ýaşyl ýa-da gyzyl jaň burç, inçe kesilen

3 ýumurtga

5–7.5 ml / 1–1 nahar çemçesi duz

30 ml / 2 nahar çemçesi sowuk suw

Butterag, margarin ýa-da ýag diametri 20 sm / 8 bolan çuň tabaga goýuň. 1½ minut eriş bilen gyzdyryň. Sogan, pomidor we dogralan burç garmaly. Bir tabak bilen ýapyň we ýumşaýança 6-7 minut gaplaň. Duz we suw bilen ýumurtgalary gowy uruň. Gök önümleriň üstüne deň guýuň. Bir tabak bilen örtüň we ýumurtga goýulýança 5-6 minut doly bişirmeli we tabany bir gezek öwrüň. Iki bölege bölüň we her bölegini bir tabaga geçiriň. Derrew iýiň.

Ham bilen ispan omleti

Hyzmatlar 2

Garylan gök önüm ispan omletine taýýarlaň, ýöne gök önümlere 60ml / 4 nahar çemçesi dogralan howa bilen guradylan ispan hamamyny we 1-2 sany ezilen sarymsak gabygyny goşuň we ýene 30 sekunt bişirmeli.

Selderiniň sousunda peýnirli ýumurtga

4 göterýärsiňiz

Wegetarianlar üçin uly nahar hödürleýän günortanlyk ýa-da agşamlyk nahary üçin çalt nahar.

6 sany gaty gaýnadylan (gaty gaýnadylan) ýumurtga, gabykly we ýarym

300 ml / 10 fl oz / 1 kondensirlenen selderýa çorbasy

45 ml / 3 nahar çemçesi krem süýdü

175 g / 6 oz / 1½ stakan kedr peýniri, grated

30 ml / 2 nahar çemçesi inçe dogralan petruşka

Duz we täze ýer gara burç

15 ml / 1 nahar çemçesi tostlanan çörek bölekleri

2,5 ml / ½ çemçe paprika

Eggumurtganyň ýarysyny 20 sm çuňlukda goýuň. Çorbany we süýdüni aýratyn bir tabaga ýa-da tabaga seresaplyk bilen garmaly. Her minutda garyşdyryp, 4 minutlap gyzdyryň. Peýniriň we ýylylygyň ýarysyny garmaly, ereýänçä 1-1 1/2 minutlap. Petruşkany garmaly, dadyp görüň, soňra ýumurtgalaryň üstüne guýuň. Galan peýnir, çörek bölekleri we paprika sepiň. Hyzmat etmezden ozal gyzgyn panjara (broýler) aşagyndaky goňur.

Fu ungung ýumurtgalary

Hyzmatlar 2

5 ml / 1 nahar çemçesi ýag, margarin ýa-da mekgejöwen ýagy

1 sogan, inçe kesilen

30 ml / 2 nahar çemçesi gaýnadylan nohut

30 ml / 2 nahar çemçesi bişirilen ýa-da konserwirlenen noýba ösümlikleri

125g / 4oz kömelek, dilimlenen

3 sany uly ýumurtga

2,5 ml / as çaý çemçesi duz

30 ml / 2 nahar çemçesi sowuk suw

5 ml / 1 nahar soya sousy

4 bahar sogan (sogan), inçe kesilen

Butterag, margarin ýa-da ýagy diametri 20 sm / 8 bolan çuň tabakda goýuň we erişde açylmadyk ýylylygy 1 minut goýuň. Dogralan sogan bilen garmaly, tabak bilen ýapyň we Doly 2 minut bişirmeli. Nohut, noýba ösümlikleri we kömelekleri garmaly. Öňküsi ýaly ýapyň we Doly 1½ minut bişirmeli. Mikrotolkundan aýyryň we bulamaly. Duz, suw we soýa sousy bilen ýumurtgalary gowy uruň. Gök önümleriň üstüne deň guýuň. Iki gezek öwrüp, 5 minutlap doly bişiriň. 1 minut oturyň. Halfarym kesip, hersini ýyly tabaga geçiriň. Bahar sogan bilen bezeliň we derrew hyzmat ediň.

Pitsa bilen omlet

Hyzmatlar 2

Hamyrmaýa hamyrynyň ýerine tekiz omletden ýasalan täze pizza.

15 ml / 1 nahar çemçesi zeýtun ýagy

3 sany uly ýumurtga

45 ml / 3 nahar çemçesi süýt

2,5 ml / as çaý çemçesi duz
4 pomidor, gabyk, gabyk we dilim
125 g / 4 oz / 1 stakan mozarella peýniri
8 banka ýagda ýag
Deşikli 8–12 gara zeýtun

Oilagy diametri 20 sm / 8 çuň bir tabaga salyň we erişde açylan otda 1 minut gyzdyryň. Süýt we duz bilen ýumurtgalary gowy uruň. Gazana guýuň we tabak bilen ýapyň. Nahar bişirmek arkaly bellenen gyralary saçagyň ortasyna geçirip, 3 minutlap bişirmeli. "Full" -da açyň we ýene 30 sekunt bişirmeli. Pomidor we peýnir bilen ýaýlaň, soňra ansi we zeýtun bilen bezeliň. Iki gezek öwrüp, 4 minutlap doly bişiriň. Halfarym kesip, derrew hyzmat et.

Süýtli omlet

4 göterýärsiňiz

1 sany täze haly, arassalanyp, 8 inçe dilimlere kesildi
30 ml / 2 nahar çemçesi malt sirkesi
Inçe dilimlenen 3 käşir
Inçe dilimlenen 3 sogan
600 ml / 1 pt / 2½ stakan gaýnag suw
10-15ml / 2-3 nahar çemçesi duz

Karpy ýuwuň, soňra balygy ýapmak üçin ýeterlik sirke bilen ýeterlik sowuk suwa batyryň. (Bu palçykly tagamy aýyrýar.) Käşir we sogan, gaýnag suw we duz bilen diametri 23 sm / 9 çuňlukda goýuň. Bugyň gaçmagy üçin ýapyşýan film (plastmassa örtük) bilen ýapyň we iki gezek kesiň. Gazany dört gezek öwrüp, 20 minut gaýnadyň. Suwy döküň, suwuklygy saklaň. (Gök önümleri balyk çorbasynyň başga bir ýerinde ulanyp bolýar ýa-da gowurmaly.) Suwuklygy gazana guýuň. Karpy bir gatlakda goýuň. Öňküsi ýaly ýapyň we panany iki gezek öwrüp, Doly 8 minut bişirmeli. 3 minut dursun. Balyk kesiji ulanyp, halyny ýalpak gaba geçiriň. Gaplaň we sowadyň. Suwuklygy küýze guýuň we birneme jelatin bolýança sowadyň. Jele balygyň üstüne döküň we hyzmat ediň.

Erik bilen rulmops

4 göterýärsiňiz

75g / 3oz guradylan erik
150 ml / ¼ pt / 2/3 stakan sowuk suw
3 dilimlenen sogan bilen rulon satyn aldy
150g / 5oz / 2/3 stakan crème fraîche
Garylan salat ýapraklary
Çişikli çörek

Erikleri ýuwuň we ownuk böleklere bölüň. Bir tabak sowuk suwa salyň. Tersine tabak bilen ýapyň we 5 minutlap doly gyzdyryň. 5 minut goýuň. Syzmak. Rolik moplaryny zolaklara kesiň. Eriklere sogan we krem fraîçe goşuň. Gowy garmaly. Gaplaň we holodilnikde 4-5 sagat marinat etmek üçin goýuň. Salat ýapraklaryna gowrulan çörek bilen hyzmat ediň.

Brakonly kipper

1-nji bölüm

Mikrotolkunly peç ysyň jaýa girmegini saklaýar we kiperi şireli we ýumşak edýär.

1 sany reňklenmedik kipper, takmynan 450g / 1lb
120 ml / ½ stakan sowuk suw
Sarymsak ýa-da margarin

Kiperi kesiň, guýrugyny zyňyň. Duzlylygy azaltmak üçin birnäçe çalşykda sowuk suwa 3-4 sagat çümdüriň, isleseňiz suwlaň. Uly, ýalpak suwda goýuň. Bugyň gaçmagy üçin ýapyşýan film (plastmassa örtük) bilen ýapyň we iki gezek kesiň. 4 minut gaýnadyň. Bir gurjak ýag ýa-da margarin bilen gyzdyrylan tabakda berilýär.

Medrese karides

4 göterýärsiňiz

25 g / 1 oz / 2 nahar çemçesi ýa-da 15 ml / 1 nahar çemçesi nohut ýagy

2 sogan, dogralan

2 sany sogan sarymsak, inçe kesilen

15ml / 1 nahar çemçesi gyzgyn köri tozy

5 ml / 1 nahar çemçesi

5 ml / 1 çemçe garam masala

1 ownuk hekiň şiresi

150 ml / ¼ pt / 2/3 käse balyk ýa-da gök önüm ätiýaçlygy

30 ml / 2 nahar çemçesi pomidor püresi (pasta)

60 ml / 4 nahar çemçesi soltanlar (altyn kişmiş)

450 g / 1 lb / 4 stakan gabykly karides (karides), doňan bolsa ereýär

175 g / 6 oz / ¾ käse uzyn däne tüwi, bişirilen

Popadoms

Ge ýa-da ýagy 20 sm / 8 diametrli çuň tabaga goýuň. 1 minutlap ýylylyk açylýar. Sogan we sarymsagy gowy garmaly. Doly otda 3 minut bişirmeli. Köri tozy, kimyon, garam masala we limon suwy goşuň. Iki gezek garyşdyryp, doly otda 3 minut bişirmeli. Çorba, pomidor püresi we soltana goşuň. Tutulan tabak bilen örtüň we Doly 5 minut bişirmeli. Gerek bolsa karidesini süzüň, soňra tabaga goşuň we birleşdirmeli. Heatokary otda 1½ minut bişirmeli. Tüwi we popadom bilen hyzmat ediň.

Martini sous bilen gaýnadýar

4 göterýärsiňiz

Her biri 175g / 6oz 8 sany köpükli filet, ýuwuldy we guradyldy

Duz we täze ýer gara burç

1 limonyň şiresi

2,5 ml / as çaý çemçesi Worcestershire sousy

25 g / 1 oz / 2 nahar çemçesi ýag ýa-da margarin

4 sany arassa, arassalanan we dogralan

100 g / 3½ oz / 1 stakan bişirilen hamam, dilimlenen

Inçe dilimlenen 400g / 14oz kömelek

20 ml / 4 nahar mekgejöwen uny (mekgejöwen krahmaly)

20 ml / 4 nahar sowuk süýt

250 ml / 8 fl oz / 1 käse towuk ätiýaçlygy

150g / ¼ bölek / 2/3 käse ýekeje krem (ýeñil).

2,5 ml / ½ çemçe gamyş şekeri (gaty gowy).

1.5ml / ¼ tsp zerdejik

10 ml / 2 nahar martini bianco

Balygy duz we burç bilen möwsümläñ. Limon şiresi we Worcestershire sousunda 15-20 minut marinat ediñ. Gazanda ýagy ýada margarini erediñ. Tohumlary goşuñ we ýumşak we aç-açan bolýança gowurmaly (sous). Ham we kömelek goşup, 7 minut bişirmeli. Mekgejöwenini sowuk süýt bilen garmaly we galan maddalary goşuñ. Düwürtikleri dolduryñ we kokteýl taýaklary (diş dişleri) bilen örtüñ. Diametri 20 sm bolan çuñ tabakda tertipläñ. Kömelek garyndysy bilen ýaýlañ. Bugyñ gaçmagy üçin ýapyşýan film (plastmassa örtük) bilen ýapyñ we iki gezek kesiñ. 10 minut gaýnadyñ.

www.ingramcontent.com/pod-product-compliance
Lightning Source LLC
Chambersburg PA
CBHW050350120526
44590CB00015B/1633